LÉON DUPONT

CONFÉRENCES FAMILIÈRES

AUX OUVRIERS

Portraits, Dictons, Dialogues

Deuxième Édition

PARIS

LIBRAIRIE B. BLOUD

4, RUE MADAME ET RUE DE RENNES, 59

CONFÉRENCES FAMILIÈRES
AUX OUVRIERS

LÉON DUPONT

CONFÉRENCES FAMILIÈRES

AUX OUVRIERS

Portraits, Dictons, Dialogues

PARIS

LIBRAIRIE B. BLOUD

4, RUE MADAME ET RUE DE RENNES, 59

PRÉFACE

Après m'être bien pénétré de l'esprit du petit livre « Les devoirs des hommes » de Silvio Pellico, j'ai pensé que je pourrais peut-être donner une application pratique de sa doctrine.

Les lectures suivantes sont un recueil d'observations, de pensées et d'exemples, pris sur le vif, qui viennent expliquer ce que Silvio a décrit d'une manière générale, mais supérieure.

C'est surtout au bon sens de mes lecteurs que je m'adresse, persuadé qu'il sera suffisant pour les amener, par quelques réflexions, aux causes supérieures qui doivent nous faire agir.

Ces causes nous aident à accomplir la mission que chaque homme a en ce monde, quelle que soit la place humble ou élevée qu'il occupe dans la société ;

Manque-t-il de livres bien écrits destinés à ceux qui militent ou qui souffrent? Non, certainement non.

Quel motif a donc pu conduire un homme, qui a toutes les raisons d'être modeste, à écrire cette brochure? C'est que cet homme a remarqué que chacun, d'ordinaire, est plus disposé à lire ce qui a été composé spécialement pour lui.

Ces lectures ont été faites pour les jeunes hommes trompés par les séductions de la grande ville et, par suite, souvent abandonnés de leurs proches, de leurs amis, même de leurs parents.

Souvent après avoir oublié Dieu, ils veulent détruire la pensée qui leur en reste encore, criant d'autant plus fort leur incrédulité que son souvenir les poursuit.

J'ai voulu amener ces hommes, détournés de leur voie, à se convaincre qu'ils ont été séduits par de faux amis, par de mauvais livres ; qu'ils ont été égarés par leurs propres passions, et qu'ils ont ainsi contracté des habitudes qui, devenues leurs maîtres, si ce n'est leurs tyrans, les ont conduits à mépriser leurs plus chers intérêts.

J'ai écrit ces chapitres pour montrer aux uns que

nous sommes souvent notre premier ennemi ; aux autres — que dis-je ? — à tous, que Dieu existe, qu'il nous suit, qu'il nous attend patiemment ; qu'il est, surtout, toujours temps de mieux faire, et plus doux d'aimer que de haïr.

LÉON DUPONT.

CONFÉRENCES FAMILIÈRES
AUX OUVRIERS

PREMIÈRE CONFÉRENCE

Cet argent est à moi, j'en peux faire ce que je veux.

On entend fréquemment répéter ce dicton, qui paraît juste, tout d'abord, et qui a, cependant, besoin d'une sérieuse restriction pour être vrai.

L'argent qu'on a gagné est à soi, oui, mais on n'en peut faire ce que l'on veut qu'autant que, moralement, on le veut sagement dépenser.

Une anecdote, que je vais raconter, fera toucher du doigt ce qu'il y a de vrai ou de faux dans ce dicton, qui paraît si naturel.

Quatre hommes descendaient, un jour, la chaussée Clignancourt : ils étaient vêtus de ces longues blouses bleu foncé, portées généralement par les marchands de bestiaux et ceux qui les fréquentent ; et coiffés d'une haute casquette de soie :

Leur face était allumée et réjouie ; leurs yeux, un peu humides — ils paraissaient avoir bu un généreux apéritif et se dirigeaient vers un des bons marchands de vin restaurants, qui surabondent en ce quartier ; l'un d'eux portait un beau melon à grosses côtes ; l'autre, des pigeonneaux ; le troisième, un gigot ; le quatrième, des fraises.

Ce dernier trouva plaisant de prendre une poignée de ces fruits et de les écraser dans le cou de celui qui portait le melon : la farce fut si peu du goût de celui-ci qu'il envoya, à la tête de l'homme aux fraises, son gros côtelé qui tomba à terre et se fendit en morceaux.

Alors commença une bataille pour rire où chacun se mit de la partie : tranches de melon, grêle de fraises, coups de gigot et de pigeonneaux, feu d'artifice de victuailles, dont les débris jonchèrent bientôt les pavés, au milieu des rires grossiers et plus ou moins sincères de ces quatre viveurs.

C'était l'heure où les ménagères remontent de

Paris pour faire la soupe, souvent bien maigre, de leur famille.

Trop souvent un oignon roussi, jeté dans l'eau ; des pommes au lard ou un peu de charcuterie font tout le repas... Ces travailleuses ne furent pas longues à s'irriter de voir, ainsi gâché, ce qui aurait été utile à tant de pauvres gens ; elles ne se firent pas prier pour adresser aux viveurs les épithètes les plus corsées.

Ceux-ci se rebiffèrent, répliquant : « Tout cela est à nous, nous l'avons payé, nous pouvons en faire ce que nous voulons : passez votre chemin. »

Un agent, qu'on était allé chercher, s'excusa en disant : « Ils n'ont rien volé ; c'est à eux ; que voulez-vous que j'y fasse ? »

Légalement ces quatre hommes étaient dans leur droit, cependant est-ce qu'il n'y a pas là quelque chose qui vous choque ?

Si la loi ne peut atteindre certains actes, le bon sens et la morale ne les défendent-ils pas ? Tout droit n'est-il pas limité par le devoir de n'user des choses que convenablement et sans abus.

Votre cheval, votre chien sont à vous, avez-vous le droit de les brutaliser ? — Votre quinzaine est à vous : légalement, vous pouvez en priver votre famille ; moralement, en avez-vous le droit?

Oui, l'argent que nous avons gagné est à nous ; mais nous ne pouvons en faire ce que nous voulons, qu'après en avoir fait trois parts : — celle du chômage — celle de la maladie — celle de la vieillesse.

L'ouvrier le plus habile, le mieux payé, celui qui, en quelques jours de noce, dépense follement ce qu'il a gagné, ne s'expose-t-il pas, quand il recommence à travailler, à emprunter 5 à 10 francs pour déjeûner? ne peut-il pas, à la première maladie, se trouver à la charge de l'hôpital, c'est-à-dire se faire soigner aux frais de tous? l'argent, ainsi employé, serait-il à lui ou à ses semblables?

Dans sa vieillesse, il viendra, faisant le chien couchant dans une maison de retraite. Une fois admis, il fera toujours des réclamations.

Qu'on prenne donc garde à ces mensonges, dits philosophiques ; ils ont été créés pour donner le change au bon sens et faire un triomphe à la faiblesse ou à l'immoralité.

S'il était vrai que l'argent qui est à soi pût être employé comme on l'entend, cela serait également vrai pour le riche, qui pourrait dire : « J'ai gagné mon argent comme je l'ai pu, mais je l'ai : les pauvres, les infortunés sont gênants, emprunteurs : leur vue m'est désagréable ; éloignez-les !... »

Mais, direz-vous, la Société vous fait un devoir de penser à l'infortune, de soulager les malheureux !...

« La Société, dites-vous ! Mais elle n'a d'égards que pour les riches ; elle n'a de considération que pour ceux qui peuvent lui rapporter des honneurs ou des bénéfices. Mon argent est à moi, j'en peux faire ce que je veux. »

Mais les lois chrétiennes, l'évangile, vous commandent de penser à vos frères qui souffrent. Il est écrit : « Malheur aux riches ».

« Mes frères qui souffrent. » Mais d'abord, beaucoup sont malheureux par leurs vices ou, au moins, leurs mauvaises habitudes. Cet évangile, dont ils se réclament, ils lui insultent ; ils blasphèment continuellement contre leur Dieu et ceux qui le représentent ! — Quand je les verrai fréquenter leurs églises, respecter leur Dieu, pratiquer leur évangile, je pourrai croire à la sincérité e leurs revendications évangéliques. Mais jusque-à je répondrai comme le citoyen qui, après une onne quinzaine, a fait de trop copieuses libations :

« Mon argent est à moi, j'en peux faire ce que je veux. »

Oui, c'est bien à tort qu'on a appris à celui qui souffre à s'éloigner de ses défenseurs légitimes et naturels. Le prêtre, aujourd'hui, ne peut aller que difficilement dans un milieu ouvrier. Les quolibets, les insultes sont fréquents contre sa personne et contre la doctrine qu'il représente. — Et cependant cette doctrine seule contient la vérité et l'enseignement de l'amour du peuple.

C'est vraiment vers Dieu qu'il faut revenir et c'est dans son évangile que nous retrouverons les vraies règles de la fraternité et de la charité effective.

Les socialistes, les collectivistes ont enrichi leurs apôtres !... Saint Vincent de Paul a fait descendre, des mains des riches, des millions qui ont soulagé les pauvres.

Sans bruit, loin des réunions publiques, il ramassait les enfants abandonnés, soignait les malades, recueillait les vieillards. — Mais il aimait Dieu et, par Dieu, il aimait les affligés, les abandonnés : après lui, les religieuses, qu'il a formées, ont recherché, pour les secourir, ceux que le monde aurait rebutés ou délaissés.

DEUXIÈME CONFÉRENCE

Les Lascars.

Le mot « LASKAR » provient, paraît-il, de deux mots arabes EL ASKAR, qui signifient intelligent, dans le sens de rusé.

C'est le nom qu'on donnait à certains de nos troupiers d'Afrique, bons soldats, habiles à l'attaque, redevenant bons enfants après le combat ; mais bons enfants un peu « chapardeurs » et toujours disposés « à tirer des bordées » (comme on dit vulgairement). Dès qu'il n'y avait plus d'escarmouches, ils s'en offraient quelques-unes au compte des colons, pour s'entretenir la main, en faisant ripaille à leur santé.

Ce serait un tort de croire qu'il n'y a eu de Lascars qu'en Afrique. Ce caractère aventureux, qui provient surtout de l'inconstance et de l'amour des fredaines, a des représentants à tous les âges de la vie.

Dès l'école, vous trouvez de ces enfants ayant une intelligence spéciale pour tout ce qui est espièglerie taquine et surtout distrayante du travail ; non pas que ce soient des paresseux, mais ils ont l'antipathie de l'effort et de la régularité.

Ils feront volontiers toutes les commissions qui pourront les détourner de l'étude ; mais, apprendre leur leçon est une trop grande peine. Ils se contenteront de la lire, demain, en allant en classe ; ils se flatteront de pouvoir la réciter en trichant, soit qu'ils aient déchiré la page de leur livre pour s'en servir sur le dos d'un camarade, soit que le livre, bien placé dans un coin de table, leur permette de laisser croire qu'ils la récitent au lieu de la lire.

Ils ont une ingéniosité spéciale pour dérouter la vigilance de leur professeur ; ils ne voient pas, les pauvres enfants, qu'ils ne réussissent qu'à se tromper eux-mêmes : le professeur, lui, n'a rien perdu, en réalité ; mais eux ne sauront pas ce qu'ils n'auront pas étudié.

En apprentissage, nous retrouvons notre lascar, toujours actif pour les courses ou pour les farces.

C'est lui qui apprend à fumer, à intéresser, par l'argent, les parties de cartes, à faire des escapades, à découcher, à fréquenter les champs de courses, à quitter les parents pour se mettre en garni.

J'ai connu un de ces lascars, garçon pâtissier, qui, pour prendre la place d'un camarade faisant les achats aux halles, mit, pendant quelque temps, 50 centimes à 1 franc de sa poche, sur les achats, pour capter la confiance ; plus tard, il sut se faire des gains suffisants pour..... se faire mettre à la porte. — Il avait été plus malin que les autres, mais sa malice l'avait conduit à perdre sa place.

Au service, le lascar n'est jamais embarrassé ; tout ce qui lui manque, il ne le vole pas, il le « chaparde » : brosses, courroies, etc. ; il y a tant de bonnes têtes !...

Sans être très instruit, il se perfectionne, avec un peu d'application, et il devient sergent. — Alors, il commence à se montrer sous son vrai jour ; il est raide, il a le commandement dur et sec, il intimide les conscrits pour faire des bénéfices sur les bons de tabac et sur les frais de route. Il se fait ouvrir un compté à la cantine, au café, où il est prisé comme boute-en-train ; bien avec le tailleur, c'est un sergent coquet.

Il joue beaucoup, gagne souvent ; c'est un camarade entraînant, aimable, très souple avec ses supérieurs et avec tous ceux dont il peut avoir à bénéficier.

Mais on n'est pas dépensier, et, comme l'on dit, « noceur », sans que la bourse se vide ; alors, on aligne les comptes, on fait « parler » les chiffres, ou l'on triche au jeu. D'une manière ou d'une autre, pris, un jour, la main dans le sac, il faut faire flèche de tout bois.

Alors, on écrit à sa famille, à la mère. — Comme autrefois, la mère cache la lettre au père ; on va trouver une vieille tante qui aidait à « gâter » l'enfant « si intelligent » ; on se saigne pour sauver l'étourdi, « l'entraîné » qu'on chérit toujours.

Notre lascar paie le plus pressé des dettes et boit à la santé de sa tante.

Moitié par goût, moitié pour se faire de l'argent, il rengage ; tant bien que mal, refait trois ans, trouve qu'on lui fait des passe-droits, écrit pour qu'on lui paie son voyage et rentre dans le civil.

Dans le civil, grâce à ses parents, il est habillé à

neuf ; on lui fait les premières avances ; il promet « d'acheter une conduite » ; on le place.

Toujours coquet, moustache soignée, il plaît, d'abord. Mais il plaît surtout aux camarades de magasin ; il les entraîne, fait de petites dettes ; la famille les paie encore en cachette du père.

Sur sa promesse de « faire une fin », on le marie : une femme le ramènera au bien, lui fera aimer la maison.

Pas méchant, au fond, c'est un époux « idéal », qui ne refuse à sa femme ni théâtre, ni bal, ni « noces », ni parties de campagne. S'il avait un petit puits d'or, vraiment, ce serait le plus charmant des maris. Mais la dot n'était pas un sac sans fin ; elle s'épuise.

Le ménage emprunte, pour « se rattraper », comme on dit vulgairement ; on joue aux courses ; on gagne, puis on perd ; on emprunte à la caisse... Un jour, le mari est suspecté à cause de son irrégularité ; on vérifie ses comptes... Il manque cinq cents francs : on le met à la porte simplement, les parents ayant encore remboursé.

J'ai parlé du lascar-employé, il y a aussi le lascar-ouvrier.

Celui-là ne manque pas d'adresse ; il pourrait bien

faire, mais il ne peut pas commander à ses caprices.

— Le lundi, dès qu'il fait un rayon de soleil, il entraîne l'atelier à Meudon ou à la Varenne, et l'on canote, on « cycliste », on chante et on boit avec un entrain qui prime de beaucoup celui de l'atelier... Quoique gagnant souvent au jeu, il dépense plus que son gain, encouragé d'abord par le marchand de vin qui lui doit une si belle clientèle. Comme il faudrait trop travailler pour payer ce qu'il doit, il « plante un dra-peau », ce qui, pour lui, veut dire : Tout est payé !

Il se marie, est aimable au possible tant que la dot peut suffire à lui donner du plaisir, mais les mauvaises habitudes reviennent ; il va retrouver les anciens amis, et souvent, celle qu'il a prise pour femme et rendue mère, doit retourner dans sa famille, à la suite de l'abandon du lascar qui n'a jamais pu accepter un devoir.

Mais, pour le lascar comme pour tout le monde, la vieillesse arrive. — Flétri prématurément, il a perdu l'habitude du travail : c'est dans le jeu, autour des théâtres de foires ou des courses qu'il cherche des « trucs » pour vivre, à moins qu'il ne devienne agent de bas étage des politiciens pour les besognes à tout faire !

Méconnu de tous, méprisé, il a tellement trompé qu'on ne veut plus croire à ses besoins, même quand il dit vrai.

Le dos voûté de bonne heure, il marche, les mains dans les poches de sa blouse, la tête rentrée dans les épaules, humectant souvent, sa langue desséchée, à ses moustaches imprégnées encore de la dernière liqueur qu'il a bue.

Il pose pour le vieil ouvrier malheureux ; il se plaint des patrons, de la société, et finit par inspirer assez de pitié à un conseiller municipal pour pouvoir prendre encore, dans un hospice, la place destinée à un vieux et honnête père de famille.

En résumé, dans un genre ou dans l'autre, le lascar a dépensé plus d'intelligence, de finesse, d'adresse pour tromper ceux qu'il a connus et finir misérablement, qu'il ne lui en aurait fallu pour être un homme aimé et estimé.

Plus malin que tout le monde, il s'est encore plus trompé lui-même qu'il n'a trompé les autres :

> « De malice pas trop n'en faut,
> L'excès en tout est un défaut. »

TROISIÈME CONFÉRENCE

Philanthropie et Charité.

Aidons-nous mutuellement,
La charge de nos maux en sera plus légère ;
Le bien que l'on fait à son frère,
Pour le mal que l'on souffre, est un soulagement.

(FLORIAN.)

Ces vers sont un bel enseignement de la philanthropie. Cette vertu est l'amour de son semblable avec le désir de lui être utile.

Comment se fait-il cependant que la philanthropie ait si peu d'adeptes, qu'elle fasse si peu d'apôtres ? — C'est que la philanthropie ne produit d'ordinaire qu'un effet personnel qui s'éteint avec l'individu. — L'homme n'est pas porté à admirer ce qui vient d'un homme comme lui, ce qui ne représente pas une idée qui lui est supérieure.

Le philanthrope dit : « Je fais le bien d'après l'impulsion de mon cœur qui est bon ; j'éprouve du plaisir à soulager mon semblable. » — Eh bien, moi, je n'éprouve pas ce plaisir : je vous admire, mais je ne vous imite pas.

La charité, au contraire, procède d'une idée. — Le sentiment qui en découle est celui-ci :

Dieu, qui a formé mon cœur à la bonté, me dit que je dois aimer mon semblable comme mon frère.

Par mes bienfaits, je dois soulager son corps pour arriver à son âme, et, par son âme, élever son cœur à Dieu. Je ne suis même pas maître d'aimer ou de ne pas aimer mon frère : Jésus-Christ m'a fait un devoir de l'aimer. Il dit à tous : « Malheur aux riches ! Bienheureux les pauvres ! » pour nous faire craindre l'abus que nous pourrions faire des biens que nous possédons ou que nous envions.

Dieu sait l'homme tellement faible dans sa vertu — et celui qui reçoit, si peu porté à la reconnaissance — qu'il donne des encouragements et fait même des promesses à ceux qui aimeront leurs frères.

« Ce que vous faites au plus petit des miens, c'est à moi que vous le faites. »

« Un verre d'eau froide donné en mon nom sera récompensé au centuple. »

Nous devons donc faire la charité au nom de Dieu, parce que nous sommes imparfaits dans la manière de la faire.

Et, de même que je ne demande pas l'admiration pour ce que je fais de la part de Dieu, vous ne devez pas être sévère dans la manière de me juger.

Les États, qui ont voulu se substituer à Dieu, ont créé la philanthropie et ont remplacé le zèle de la charité par l'administration.

Aussi le pauvre voit de jour en jour ses secours diminuer. Sur une somme de 20.000 francs qui lui est destinée, il faut distraire 4 à 5.000 francs de frais d'employés.

L'homme ne lutte pas avantageusement contre Dieu. Il faut peu d'années pour qu'il soit forcé de reconnaître qu'il s'est trompé.

La charité a-t-elle des avantages ?

Il est écrit dans un petit livre, plus répandu que lu : la *Journée du chrétien :*

« Le jeu, le luxe, la débauche ont ruiné mille maisons, l'aumône n'en a jamais appauvri une. »

Il n'est pas nécessaire de rappeler tous les malheurs que le jeu, le luxe, la débauche traînent à leur suite.

On pourrait même demander dans quelle famille il n'y a pas eu, au moins de loin, de ces exemples funestes qui devraient instruire la jeunesse.

Il est écrit aussi dans ce même petit livre :

« C'est un grand art pour amasser du bien que d'en faire aux autres. »

N'est-il pas vrai que la visite du pauvre nous instruit, nous fait réfléchir sur les causes qui ont amené ses malheurs. Ces mêmes causes ne peuvent-elles pas produire les mêmes effets sur nous, si nous ne sommes pas prévoyants ?

Nous serions heureux alors qu'on vînt nous consoler et nous aider.

Ces réflexions élargissent notre cœur, le disposent au bien et nous font apprécier notre propre bonheur. Elles sont d'ailleurs mises en pratique par nos jeunes gens de Paris qui font partie de nos quarante Petites Conférences de Saint-Vincent de Paul.

Bons pour les pauvres, qu'ils visitent régulière- ment, ils trouvent le moyen d'économiser, sur leur maigre salaire, quelque chose pour les familles qui leur sont confiées.

De ce fait aussi, ils prennent la force d'éviter toute dette et d'apprendre à connaître l'épargne.

Mais peut-on toujours faire la charité?

Un jour, à la porte du temple, Notre-Seigneur fit arrêter ses apôtres, et pendant que les Pharisiens faisaient ostensiblement l'aumône, il fit remarquer aux siens une pauvre veuve qui, simplement, avait mis dans le tronc sa petite offrande. Il dit alors : « Je vous le dis, en vérité, que celle-ci a donné plus que tous les autres, parce qu'elle a donné sur son nécessaire. »

Pour faire la charité, faut-il même de l'argent? Une soupe partagée, une bonne parole, une com- plaisance, un seau d'eau monté au sixième chez une pauvre vieille, l'histoire d'un vieux soldat entendue vingt fois, sont des actes de charité qui peuvent avoir une grande valeur.

Combien d'ouvriers malheureux seraient aujourd'hui à l'aise si, de bonne heure, au temps des bonnes quinzaines, ils avaient su faire la part du pauvre. — Ils auraient appris en même temps à faire la part des mauvais jours.

Qui ne connaît un parent, un ami malheureux, une veuve chargée d'enfants, une société qui visite régulièrement les pauvres ?

Quelle belle occasion de pratiquer cette solidarité, cette fraternité que les gens plus simples, plus pratiques, appellent la charité !

Il est toujours temps de bien faire : penser aux pauvres, c'est penser à nous sagement. C'est aussi nous préparer une satisfaction du cœur et, ce qui est plus, la bénédiction de Dieu.

Ne soyons pas seulement philanthrope, c'est trop près de l'orgueil ; c'est faire partir de soi ce que Dieu y a mis de bon. Aimons, au contraire, à lui montrer notre reconnaissance. Ne disons pas à l'affligé : je vous fais du bien parce que mon cœur est bon ; mais, je viens à vous parce que Dieu, qui vous a créé comme moi, me dit que vous êtes mon frère et qu'il m'aimera d'autant plus que je saurai mieux vous aimer.

Les quatre vers qui ont inspiré cet article sont

pleins de beaux sentiments ; mais ils auraient été complets s'ils avaient nommé Celui qui en est l'essence, Celui qui a dit dans l'Evangile : « Aimez-vous les uns les autres », et qui, par amour pour nous, a souffert toute sa vie et jusqu'à la mort de la croix.

QUATRIÈME CONFÉRENCE

L'aveugle et le paralytique.

Aidons-nous mutuellement,
La charge des malheurs en sera plus légère ;
Le bien que l'on fait à son frère
Pour le mal que l'on souffre est un soulagement.
Confucius l'a dit ; suivons tous sa doctrine :
Pour la persuader aux peuples de la Chine,
Il leur contait le trait suivant :
Dans une ville de l'Asie
Il existait deux malheureux,
L'un perclus, l'autre aveugle, et pauvres tous les deux
Ils demandaient au ciel de terminer leur vie ;
Mais leurs cris étaient superflus,
Ils ne pouvaient mourir. Notre paralytique,
Couché sur un grabat dans la place publique,
Souffrait sans être plaint ; il en souffrait bien plus.
L'aveugle, à qui tout pouvait nuire,
Était sans guide, sans soutien,

Sans avoir même un pauvre chien
Pour l'aimer et pour le conduire.
Un certain jour il arriva
Que l'aveugle, à tâtons, au détour d'une rue,
Près du malade se trouva ;
Il entendit ses cris ; son âme en fut émue.
Il n'est tels que les malheureux
Pour se plaindre les uns les autres.
« J'ai mes maux, lui dit-il, et vous avez les vôtres,
Unissons-les, mon frère ; ils seront moins affreux.
— Hélas ! dit le perclus, vous ignorez, mon frère,
Que je ne puis faire un seul pas ;
Vous-même vous n'y voyez pas :
A quoi nous servirait d'unir notre misère ?
— A quoi ? répond l'aveugle ; écoutez : à nous deux
Nous possédons le bien à chacun nécessaire ;
J'ai des jambes et vous des yeux ;
Moi, je vais vous porter ; vous, vous serez mon guide ;
Vos yeux dirigeront mes pas mal assurés ;
Mes jambes, à leur tour, iront où vous voudrez.
Ainsi sans que jamais notre amitié décide
Qui de nous deux remplit le plus utile emploi,
Je marcherai pour vous, vous y verrez pour moi. »

FLORIAN.

La Fontaine dit, dans une de ses fables :

Il fit, pour nos défauts, la poche de derrière,
Et celle de devant, pour les défauts d'autrui.

D'autre part, nous avons un vieux proverbe français :

« Nul n'est bon juge en sa propre cause. »

Ce qui équivaut à dire que nous sommes aveugles sur nos défauts. — S'il nous arrive de les reconnaître, soit par nous-mêmes, soit qu'on nous les fasse remarquer, notre paralysie morale arrête notre premier élan et nous nous faisons tout de suite les avocats de nos défauts. C'est ainsi qu'ayant pris de bonnes résolutions le matin, nous y manquons le soir, si nous rencontrons un lascar qui sache nous les faire oublier.

Florian nous fait le tableau des deux sortes de malheureux : il nous montre l'Aveugle cherchant, par tous les moyens, à améliorer son sort en s'unissant à qui il peut être utile. Le paralytique lui, désespéré par nature, se plaît à se plaindre, ne sachant répondre au bon Aveugle que : « Vous-même, vous n'y voyez pas. »

Il y a là l'image de notre Société actuelle : trop d'hommes ne veulent pas chercher les moyens naturels qu'ils ont de se protéger, de se soutenir, de se syndiquer, de s'associer pour améliorer leur sort ; de cela, ils ne veulent pas et répondent aux hommes de bonne volonté :

A quoi nous servirait d'unir notre misère ?

Ce qu'ils veulent c'est une réforme sociale par des révoltes sous le nom de grèves, un renversement, la création des systèmes de toutes sortes qui changent la société : tout, pourvu qu'ils ne soient pas forcés de se réformer eux-mêmes.

Cependant, depuis 1848, des ouvriers dignes de ce nom, se servant des avantages que leur donnaient les lois d'association, ont su, sans bruit, sans réclame, créer des Sociétés florissantes, dont les actions ont pu s'élever à 1.000, 5.000 et 10.000 fr.

Ceux-là n'ont pas demandé de renversement social, ils n'ont pas exigé que toutes les institutions fussent changées à leur profit, que chacun transformât sa position pour leur en faire une.

Ceux-là n'étaient pas des ouvriers politiciens plus hâbleurs que travailleurs, non, c'étaient des hommes véritablement sérieux, travailleurs, et travailleurs intelligents, économes, persévérants, mais sachant se choisir sévèrement, sobres, rangés voulant profiter des résultats de leur travail et non de leurs déclamations.

Florian nous dit ensuite :

Il n'est tel que les malheureux pour se plaindre les uns
[les autres.

Eh bien ! cela dépend de quelle sorte de malheureux.

S'ils ont été bien élevés, s'ils ont de bons sentiments, — oui.

Ainsi voit-on dans les mansardes de ces bonnes gens qui savent s'entr'aider, se consoler, se plaindre, s'assister, se prêter ce qui leur manque ; on voit de vieilles femmes, mal logées, recevoir plus infortunées qu'elles, ou soigner une voisine qui souffre ou se meurt.

Mais, au régiment, où l'on n'est pas trop heureux en arrivant, voit-on les anciens être aimables pour les recrues, ou leur imposer des brimades ?

Dans les ateliers, dans les magasins, est-on bienveillant pour les apprentis ? n'abuse-t-on pas de leur ingénuité ? N'impose-t-on pas aux ouvriers, qui sont restés sans ouvrage, de payer la bienvenue à ceux qui ont eu la chance de pouvoir être occupés ! Il faut donc distinguer entre les malheureux.

Le poète commence sa fable par ces jolis vers :

> Aidons-nous mutuellement ;
> La charge des malheurs en sera plus légère.

Où devons-nous d'abord nous aider mutuellement? n'est-ce pas d'abord dans la famille? c'est là que véritablement, dans un intérêt commun, nous devons tout faire pour développer l'amitié par les bons rapports de politesse, de prévenances, de dévouement.

Est-ce bien ce que l'on peut trouver généralement dans les familles? Ne voit-on pas fréquemment le contraire : sous prétexte de franchise, on a un laisser-aller qui n'est, en réalité, qu'un sans-gêne impoli, un manque de tout égard, une rudesse regrettable.

Souvent l'on rentre sans dire bonjour à personne, sans donner le moindre témoignage d'affection à la mère, qui se dévoue jour et nuit,

A table, si l'on demande le pain, l'eau, n'entend-on pas fréquemment le : « Prends le toi-même », s'habituant à considérer la complaisance comme une faiblesse.

D'une phase de la journée, qui pourrait être un repos, un agrément, une joie, l'éducation faussée fait une réunion trop souvent désagréable.

Depuis qu'on a oublié son Dieu, quand on ne l'a pas banni de la famille, tout le monde est divisé : on a perdu l'idéal et la pratique du respect ; l'esprit d'égalité et d'indépendance est venu fausser le jugement ; on a pu entendre, en plaisantant d'abord, cet axiome :

Un père est un banquier donné par la nature.

Puis l'inconduite, l'égoïsme des jeunes gens a fait dire aux parents faibles :

« C'est un jeune homme ; il faut fermer les yeux, tant qu'on peut. »

Alors les jeunes gens ont adopté la morale libre et sont devenus ce que l'éducation actuelle les a faits.

Comme leurs aînés, ils ont abandonné leur Dieu. Comme eux, à l'exemple de leurs maîtres Voltairiens, ils ont plaisanté les doctrines qui pouvaient les gêner dans leurs écarts et après avoir raillé leur Dieu, ils ont, comme conséquence, ridiculisé leurs parents.

En somme, aujourd'hui, on ne s'aime plus parce que Dieu, principe du respect, n'est plus aimé, et que ce n'est pas avec nos sept péchés capitaux que nous créerons un nouvel amour de nos frères. Aidons-nous mutuellement, non comme le dit Florian par la morale de Confucius, mais par celle de N.-S. J.-C. qui nous a aimés jusqu'à se laisser crucifier pour nous.

CINQUIÈME CONFÉRENCE

Il faut tout lire.

L'un de mes amis, chez qui j'allais fréquemment, avait un fils qui lisait toujours.

Ce jeune homme que j'aime beaucoup, auquel je m'intéressais, avait dû refuser un emploi avantageux, que je lui avais offert, parce que son instruction était insuffisante ; cependant on ne lui demandait aucun brevet.

Cette déconvenue n'avait pas produit son effet salutaire, puisque le jeune homme continuait à lire des ouvrages réputés sociaux ou romanesques, mais délaissait ceux qui lui auraient été utiles.

Je fis quelques remarques à mon ami, pour qu'il pût prévenir son fils ; mais lui, fier des idées étranges de l'héritier de son nom, me dit : « Ce n'est tout de même pas un garçon ordinaire, je ne suis pas seul à le dire ; qui sait s'il ne prépare pas sa voie ? Pourquoi ne pourrait-il pas, comme un autre, devenir quelqu'un dans son pays. »

L'orgueil paternel avait remplacé l'éducation paternelle.

Puis il ajouta : « — Que voulez vous ? avant tout, c'est un homme et, pour moi, un homme doit tout lire et tout connaître. »

« — Tout lire, mon ami, c'est beaucoup ; beaucoup plus que vous ne pensez. Votre fils a-t-il commencé par les chefs-d'œuvre de notre littérature : Corneille, Racine, Lafontaine, Boileau ?... Je ne lui ai jamais vu entre les mains un seul de ces ouvrages, et je n'en ai cité que quelques-uns parmi les meilleurs : puis il y a la physique, la chimie, l'astronomie et surtout les ouvrages de droit, de médecine ou d'économie politique, s'il doit se préparer à l'une ou l'autre de ces carrières qui demandent des études spéciales. Pourquoi ne pas lire d'abord ce qui doit le bien former, avant de le laisser se former bien ou mal, sans direction. »

« — Mon cher ami, me répondit le père, il faut

connaître le bon et le mauvais pour pouvoir choisir, — mon fils est un garçon ; quand un garçon rapporte ses deux oreilles, il n'y a rien de perdu. »

« — Mon cher Martin, même dans les prisons, tous les sujets ont leurs deux oreilles ; on les appelle cependant des mauvais sujets. Non mon ami, vous avez trop fait pour ce cher enfant pour n'en espérer qu'un résultat aussi ordinaire. — Raisonnons mieux ! Tenez, je vous sais intelligent et soigneux de vos intérêts, en plus de votre qualité de travailleur. Or, si vous aviez un verger à planter d'arbres fruitiers, diriez-vous à votre horticulteur : « Donnez-moi 1000 arbres à votre choix, « je vous laisse carte blanche : je verrai toujours « bien, dans 3 ou 4 ans, les fruits qu'ils produiront, « bons ou mauvais ; je veux tout connaître ; il faut « tout planter. » Je n'insiste pas, vous m'avez compris et si, pour un verger, vous choisissez soigneusement et votre fournisseur et les arbres que vous devez y planter, les mêmes soins sont à prendre, encore plus sérieusement, pour orner le cœur de votre fils. Ce cœur doit produire des fruits bien plus précieux pour vous que des poires, des pommes ou des pêches ; il vous faut récolter un jour les satisfactions légitimes de respect et de reconnaissance que votre dévouement doit vous avoir préparées. »

Presque toujours, quand on veut tout lire, la vérité c'est qu'on veut connaître surtout le fruit défendu.

Généralement que lit-on ? — Ce qui correspond à notre tempérament français : les ouvrages passionnés.

Voyez cette jeune fille ; dès qu'elle le peut, elle prend sa petite feuille. — Où la commence-t-elle ? A partir de la grande ligne noire qui donne la suite du roman commencé. — C'est là qu'elle suit l'histoire d'un Georges, d'un Félibien ou d'un Roger, qui aime une Marcelle, une Héloïse ou une Cora. — Elle se voit dans une de ces héroïnes ; elle sera aussi aimée pour elle-même.

Elle se fait une école de sentiments, qui la rend romanesque, lui fait dédaigner la vie réelle et la prépare souvent à une faute. — Fréquemment la mère et la fille suivent le même roman.

Comment s'étonner qu'avec une pareille éducation, il y ait tant de chutes et tant de suicides.

Ces charmantes jeunes filles laissent peut-être échapper quelques fautes d'orthographe. Puisqu'il faut tout lire, tout connaître, ne serait-il pas avantageux de connaître d'abord son français, même son arithmétique.

Si elles doivent devenir, comme leur ambition les y porte, petites commerçantes ou petites fabricantes, n'est-il pas utile de tenir proprement et en ordre les écritures de leur futur mari?

Ne serait-il pas flatteur qu'elles pussent causer un peu histoire, géographie, saine littérature avec celui dont elles doivent charmer les jours?

Qu'il serait heureux que, par son éducation morale, la femme pût soutenir son mari dans ses luttes, le consoler dans ses peines et embellir par une religion saine, solide et élevée, le cœur de ses enfants!

Avant de tout lire, lisons ce qui est bon, sain et utile: munissons-nous des connaissances nécessaires à notre position :

Médecins, magistrats, ayons la science ; commerçants, l'expérience éclairée des affaires. Employés, soyons instruits dans la comptabilité, le droit commercial, les langues étrangères.

Ouvriers, pourquoi ne connaîtrions-nous pas suffisamment de physique ou de chimie pour nous élever dans notre classe et contribuer à l'élever même ?

Lisons, mais non pour nous passionner, nous irriter ou nous affadir : lisons pour nous perfectionner dans notre position.

Lisons pour orner notre esprit, élever notre cœur, former et fortifier notre volonté.

Lisons pour que notre conversation agréable intéresse et nous permette de parler avec sagesse, fasse rechercher notre compagnie.

Nous pourrons ainsi faire le bien, le faire estimer et même pratiquer. — Les aliments ne doivent pas boursoufler le corps, mais le nourrir ; la lecture ne doit pas nous enorgueillir, mais nous aider à produire plus de bien.

SIXIÈME CONFÉRENCE

Pas de chance.

Vous avez entendu souvent ce cri de plainte, presque de désespoir ; vous l'avez entendu de la part de personnes qui étaient vraiment éprouvées ; mais, plus fréquemment, de personnes qui avaient joué avec toutes les chances, les avaient gaspillées, ou ne s'en étaient servies que pour tromper autrui ou se tromper elles-mêmes.

Il y a deux sortes de chances : celle qui récompense justement ou largement nos efforts, et celle qui est le résultat du hasard ou de la faveur.

Cette dernière produit beaucoup de désordres, parce qu'elle profite aveuglément à des personnes qui ne le méritent pas. Cette chance est souvent le commencement de nos maux. Quelques exemples serviront à le démontrer, mieux que beaucoup de raisonnements.

Je me rappelle qu'en 1848, un restaurateur de la rue Saint-Martin prit quelques billets d'une loterie dite du « Vase d'argent », représentant un gros lot de 500.000 francs. Ce restaurateur fut l'heureux gagnant de cette fortune.

Contrairement à tout ce qu'on aurait pu supposer, trois ans après cet heureux coup du sort, le restaurateur se pendait !

Qu'était-il arrivé ? je l'ignore. Ce qui est le plus vraisemblable, c'est que cet homme fut obsédé par les propositions de différents agents de placement.

Ils lui persuadèrent que, riche maintenant, il ne pouvait plus garder sa petite boutique ; qu'il devait prendre un grand établissement en rapport avec sa nouvelle situation.

Mais tel qui est apte à mener une barque n'a pas toujours le talent de diriger un navire.

Notre restaurateur, qui s'entendait très bien avec sa femme à faire prospérer sa petite maison, aura dû être ébloui en se trouvant le chef d'un nombreux personnel, et soit pour cette raison ou pour une autre : manque de clientèle, frais écrasants, bref, il perdit la tête et se pendit.

Dans le même quartier, vers 1855, un fabricant, qui faisait ses bonnes petites affaires, eut la chance d'être exproprié (à cette époque c'était presque une fortune), et il sut obtenir 100.000 francs pour son déplacement. Avec ce capital, et ce qu'il possédait déjà, le brave homme voulut décupler ses affaires et faire fortune complète. Il chargea un architecte de lui aménager un bel atelier et un luxueux magasin.

Ses fournisseurs, ses amis, lui persuadèrent qu'il était devenu un personnage ; et lui, le premier ouvrier de sa partie, la plus sûre richesse de sa maison, il ne travailla plus de ses mains ; il se tint continuellement dans sa maison de vente, laissant à un autre la direction de l'atelier.

Malheureusement, il avait fait établir son superbe magasin dans un quartier où il ne passait personne ; ses frais étaient grands ; l'ouvrier-maître qui le remplaçait coûtait cher, et lui, ouvrier capable, ne savait pas vendre.

Vaniteux, quoique brave homme, il s'était laissé entourer de ces gens qui flattent toujours l'homme qui a bonne table.

Dépourvu de conseils sérieux, écrasé de frais, faisant moins d'affaires, notre heureux exproprié devait, quinze ans après sa luxueuse installation, quitter les affaires et travailler chez les autres.

L'âge était venu, l'habileté avait disparu par le manque de pratique ; il fut obligé de se faire homme de peine, et il mourut dans la misère. La chance lui avait été fatale.

2° Il y a, par contre, des gens qui n'ont pas de chance. Tels les poitrinaires, les aveugles, les muets, les estropiés. Sont-ce ceux-là qui se jettent à l'eau ? Non, vous les verrez facilement, ingénieux, persévérants, se tirer d'affaire tant bien que mal.

Dans mon quartier, j'ai connu un marchand de poulets, manchot, traînant une petite voiture ; il n'était pas gros et gras à « lécher seulement les plumes de ses poulets » : c'était un travailleur. Un autre marchand de salade, n'ayant qu'une jambe, portant sa hotte et un panier. Pas gras celui-ci, mais gagnant son pain.

Enfin, un petit homme, fausse mesure, depuis vingt ans, vendant des citrons ou de belles oranges, suivant la saison ; n'ayant ni la taille, ni la santé, mais vivant pourtant de son métier : c'était un modeste et un persévérant.

Voyez, par contre, ceux qui se suicident. Consultez votre journal :

Une jeune femme, bien mise, a été retirée de la Seine, à la hauteur de Saint-Cloud. Un billet, écrit de sa main, disait qu'elle se noyait par désespoir.

Cet autre, beau jeune homme, élégant, s'était fait sauter la cervelle, après avoir perdu à Monaco ses dix derniers billets de mille francs.

Enfin, une pauvre jeune fille s'était jetée d'un cinquième étage, parce que ses parents ne voulaient pas consentir à une union qui seule, suivant elle, pouvait la rendre heureuse.

C'est-à-dire que presque tous ceux qui ne peuvent pas supporter la vie sont les êtres les mieux doués ; mais leur existence devant être réglée suivant leur passion, et non suivant la volonté de la Providence, ils l'ont abrégée lorsque les événements ont, par trop, contrarié ou leur idéal ou leurs fautes.

De tout cela, que conclure ?

1° Qu'il faut tout faire par l'étude, le travail, la

conduite, pour mériter de profiter des chances qui se présentent dans l'existence ;

2° Qu'il faut rester modeste dans le succès, ce qui est très rare : le succès prédisposant à la vanité, et la vanité atrophiant le bon sens ;

3° Qu'il est imprudent de désirer faire subitement fortune : peu de gens sachant profiter sagement d'une position disproportionnée à celle qu'ils avaient occupée. La progression de la réussite est le plus sûr moyen de profiter de sa chance.

Enfin, sachons remercier la Providence des dons que tant d'autres ont à désirer : la santé, les qualités du corps et de l'esprit, la faculté de se faire un bon caractère :

« Contentement passe richesse. »

Remercions-la, et soyons heureux de lui montrer notre reconnaissance en consolant ceux qui sont privés de ce que nous avons reçu amplement, en diminuant le nombre des affligés, et profitons de la chance d'être doués d'un bon cœur en bénissant Celui qui nous l'a donné.

SEPTIÈME CONFÉRENCE

De l'inégalité des conditions.

Un brave homme réclamait fortement l'application de la noble ÉGALITÉ.

Son ami lui dit un soir, en dînant : « Célestin, pourquoi, toi qui as deux filles, en as-tu une blonde, douce, aimable, chanteuse agréable, mais un peu timide et indécise, et l'autre brune, ardente, habile au travail, mais sévère et décidée quoique véritablement bonne. Toi qui aimes tant l'égalité, pourquoi ne leur as-tu pas donné la même nature, le même caractère, les mêmes talents, les mêmes qualités ? Fais donc chez toi ce que tu réclames de la société et quand tu seras arrivé toi-même à cet idéal, tu te montreras généreux en communiquant ton secret ; encore te répondra-t-on peut-être que, chez toi, il n'y a que de bonnes et honorables natures, tandis qu'une société doit prendre les bons et les mauvais dans lesquels il faut comprendre : les paresseux, les gourmands, les envieux, les joueurs et les vicieux, sans compter les méchants. »

En 1848, on persuada au peuple que rien n'était plus juste que l'égalité des salaires.

Tout d'abord, l'illusion était séduisante, pour beaucoup elle semblait répondre à une idée de justice.

Mais cette théorie est plus difficile à appliquer qu'à concevoir.

De deux ouvriers, ayant reçu la même paye, si l'un, en rentrant chez lui, doit embrasser cinq enfants et l'autre un seulement, le salaire égal aura-t-il la même valeur pour les deux ?

Pensez-vous aussi que les ouvriers habiles, intelligents, travaillant de la tête, en même temps que des bras, se seraient accommodés longtemps de recevoir le même salaire que leurs collègues nonchalants et irréfléchis ?

Si l'on peut amuser les travailleurs réunis, pendant une soirée, dans un club, en critiquant leurs patrons et en exaltant le prolétariat, ils ne sont pas longs à se ressaisir dès que leur paye vient à diminuer.

Nous n'aimons tant l'égalité, que parce qu'elle nous permet de cacher un sentiment d'envie ; car nous ne l'aimons qu'avec ceux que nous croyons plus heureux et non avec ceux que la nature ou les circonstances ont le moins favorisés.

Le régiment est l'institution qui représente le mieux l'Egalité.

Les hommes y portent le même costume ; ils y ont la même nourriture, une même chambrée, une même discipline, on pourrait dire un même mouvement, puisqu'un seul commandement en fait agir 3000 spontanément.

Mais il y a un mais : le chef qui donne ce commandement à d'autres chefs, qui le transmettent aux sergents, sort, ainsi que ceux qui l'ont répété, de l'égalité avec ceux qui l'ont exécuté.

Ce régiment ne pourra faire de grandes et belles manœuvres qu'autant que chaque soldat ne se croira pas l'égal de celui qui dirige.

Une chose est nécessaire pour que chacun de ces hommes soit content de son sort, c'est que les chefs aiment leurs soldats, qu'ils se sentent responsables de leur vie et de leur nécessaire et que les hommes, ainsi guidés, comprennent qu'ils doivent correspondre, par leur obéissance, à ceux qui sont chargés de leur direction.

Mais, me direz-vous, vous posez là un idéal ; la pratique ne donne pas toujours ces résultats.

Je le veux, mai dites-moi, quelle institution n'est pas basée sur un idéal ? et fussiez-vous chargé de quelque chose, pensez-vous que vous pourriez en réaliser l'accomplissement à la satisfaction de tous ?

L'image de ce régiment est celle de la société.

Si l'idéal n'y peut être entièrement obtenu, malgré la discipline qui va jusqu'à la peine de mort, qu'y a-t-il d'étonnant que la société ne puisse le donner.

Est-ce à dire qu'au lieu de chercher à l'améliorer, il faille détruire son organisation imparfaite pour la remplacer par des utopies ou des rêves ?

Le mieux ne s'obtient que sagement et lentement.

L'homme intelligent sait qu'on n'améliore une société qu'en se perfectionnant soi-même individu et que c'est l'ensemble de ces individualités améliorées qui produit un honnête et bon *état social.*

Les utopistes seuls croient que la société entière va se changer d'un coup pour leur être agréable et adopter leur système.

Combien de gens honnêtes, mais irréfléchis, seraient vivement désabusés de la position qu'ils envient, s'ils en étudiaient les difficultés :

Prenez, par exemple, 40 terrassiers et dites-leur :

Voilà assez longtemps que vous supportez les ardeurs du soleil ou recevez la pluie qui rend la terre plus dure ou plus lourde — à votre tour il vous faut devenir ingénieurs ou architectes.

Venez au chaud, dans une chambrette, prenez ces livres ; pendant 6 ans vous vous appliquerez sans relâche à comprendre des théorèmes, à résoudre des équations, à dessiner des plans et, après 20 examens sérieux, vous vous présenterez pour subir le dernier, par lequel vous pourrez réussir.

19 sur 20 diraient au bout de quelques semaines : « Reprenez vos livres, donnez-nous nos pelles et nos pioches avec un litre à chaque repas. »

Au lieu de vous adresser à des terrassiers, dites à 20 cuisiniers de ne plus dépouiller les lapins, de ne plus tuer les poulets, mais d'étudier pendant

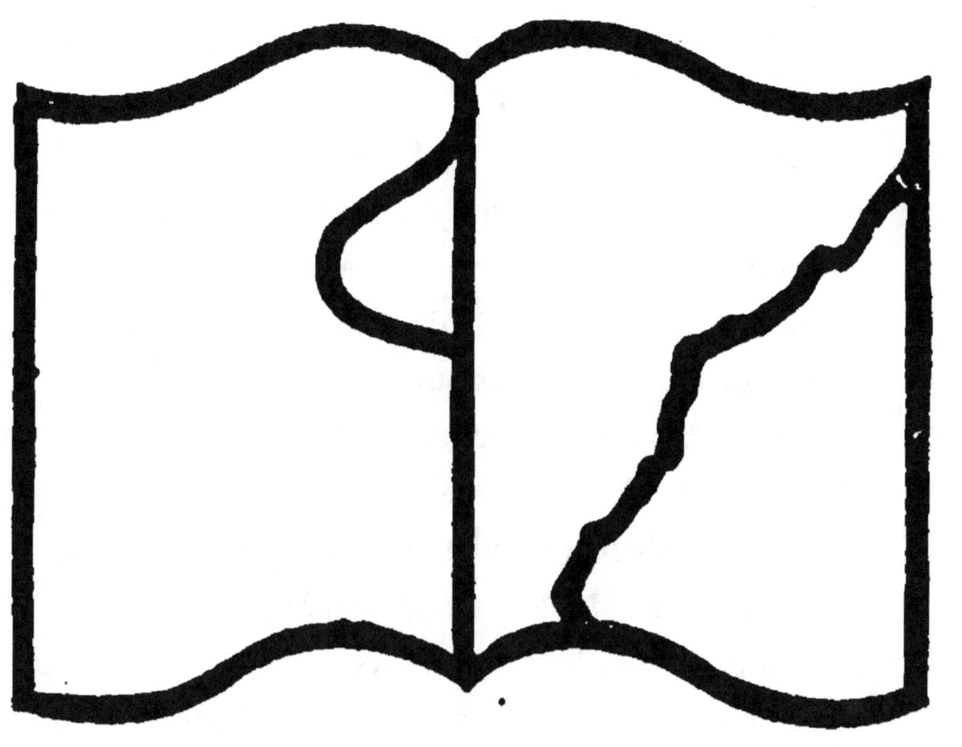

Texte détérioré — reliure défectueuse
NF Z 43-120-11

10 ans le moyen d'opérer les humains ou de les soigner dans le silence, vous verrez qu'ils redemanderont leurs casseroles, pourvu que vous n'oubliiez pas le vin blanc.

Les cochers diraient : « Rendez-moi Cocotte et passez-moi l'*Intransigeant* » plutôt que de consentir à étudier 10 ans pour entrer à Normale.

Oui, me direz-vous, mais si vous les aviez pris dans leur jeunesse, vous auriez pu être surpris ?

C'est possible ; cependant l'expérience nous montre que, dès la classe, il n'y a que quelques élèves qui soient travailleurs, intelligents, assidus, tandis que la plupart n'apprennent leurs leçons que dans la crainte d'être punis.

Ce qui peut rendre les hommes heureux, ce n'est pas l'*Égalité*, mais le bien-être pour chacun dans la position qu'il occupe.

Pour le père de famille, surtout, un travail suffisamment rétribué lui permettant d'élever convenablement sa famille et de faire quelques économies.

Faut-il le dire, presque toujours, quand les ouvriers s'occupent d'améliorer leur condition, ils oublient l'ouvrier modeste et ne parlent constamment que de l'ouvrier intelligent, habile ; ils n'osent pas dire envieux.

Il semble que le moins doué, quoiqu'honnête et travailleur, n'ait pas, ainsi que ses enfants, un estomac à nourrir ; ce qui presse, c'est que la vanité et les plaisirs de ceux qui sont, ou se disent capables, soient satisfaits.

En réalité, *l'inégalité des conditions* est chose fatale parce que, quoi qu'on fasse, les hommes n'auront jamais tous la même intelligence, les mêmes talents, le même ordre, la même sobriété, et qu'en donnant à 100 hommes une même somme de 10.000 francs, six mois après il y aurait des enrichis et des affamés.

Le jeu, le luxe, la débauche auraient produit l'inégalité des positions.

C'est cette *inégalité des conditions* qui fait mouvoir le monde ; elle donne des bras à la terre, des provisions au marché, des ouvriers aux usines, des ingénieurs pour les diriger. Les sept péchés capitaux se chargent du reste. Ce sont eux qui ont la mission de produire les mécontents. Il faut croire qu'ils produisent encore plus que les gens de mérite, puisque leurs sujets sont plus nombreux que ceux que dirige la vertu.

Ce n'est pas le changement social qu'il faut, mais la réforme de nos mœurs.

Ce n'est pas sous le nom de socialisme ou de collectivisme qu'il faut vouloir une nouvelle égalité, un nivellement, qui ne produirait qu'un abaissement général par la perte de l'émulation. — Au contraire, ce qu'il faut désirer, c'est le perfectionnement de chaque citoyen dans sa sphère.

Dans la nature, qui produit la richesse ?

C'est le travail qui défriche la terre ; en échange de ce labeur, le paysan trouve les outils, le vêtement, la variété dans la nourriture, l'instruction, le plaisir.

Il semble que la vie soit comme une partition de musique : les notes longues ou brèves, hautes ou basses, jetées par un artiste sur une portée, produisent l'harmonie.

Un orchestre charme d'autant plus agréablement que les instruments en sont plus variés et que chaque artiste s'efforce de rendre les nuances délicates que celui qui dirige lui a indiquées.

Un inhabile pourrait tout gâter, un sot ne rien comprendre de ces charmes. Serait-ce l'orchestre qu'il faudrait réformer ou les malades qu'il faudrait guérir ?

C'est ainsi que les inégalités des conditions sont une nécesité de l'harmonie de la Création.

Mais, pensez-vous, les bonnes lois pourraient suffire à produire l'harmonie.

Non, les bonnes lois ne peuvent suffire à donner l'égalité devant la loi et surtout à produire l'harmonie entre les hommes.

Les lois sont faites par les hommes, les hommes sont changeants : tel, disposé à l'indulgence le mardi, pourra, suivant de graves contrariétés qui lui seront survenues, juger sévèrement le samedi.

Les juges sont hommes et peuvent être subjugués par l'éloquence et la réputation de l'avocat que le riche peut s'offrir contre le pauvre diable qui n'a pour conseil que ses peines, son dénûment et le porte-parole qui devra défendre un malheureux.

Sans l'honnêteté de la morale publique, les meilleures lois peuvent être tournées, et faire débouter le juste plaidant et absoudre le coupable.

La morale publique a besoin de la conscience pour s'éclairer, et la conscience, qui ne relève que d'elle-même, trouve dans l'âme humaine des passions qui se chargent de la fausser.

L'idée de DIEU nous est indispensable pour rappeler au juge ses responsabilités, au témoin l'obligation de dire la vérité.

Les lois ne suffisent pas pour produire l'harmonie.

Les premiers chrétiens s'en passèrent, tant qu'ils furent fidèles à la loi de Celui qui les avait unis dans la vertu, la prière et l'amour du prochain.

C'était dans les persécutions, les épreuves de tout genre, l'harmonie la plus belle dans l'inégalité des conditions; c'est à ces souvenirs dont nous sommes imprégnés, même dans notre résistance, qu'il faut revenir et, suivant que nous nous en rapprocherons le plus, nous trouverons l'harmonie qui s'approche le plus du bonheur.

HUITIÈME CONFÉRENCE

Denise.

(*d'après Ed. Luillier.*)

Voulez-vous, avec moi, faire une petite promenade ? Suivez-moi avec votre imagination.

Nous allons derrière l'église de Vaugirard, dans une maison de modeste apparence, mais tenue proprement.

Au premier, c'est l'appartement du boutiquier ; au deuxième, un fabricant ; au troisième, un employé d'administration ; au quatrième, pas encore là ; — il y a un balcon, c'est un petit rentier. Enfin au cinquième, nous y voici :

Une chambre assez grande, une cuisine ; le tout un peu lambrissé. Le papier peint est propre et de bon goût ; le petit mobilier est entretenu. —

Il y a une garniture de cheminée en zinc doré et deux vases de fleurs, dont l'un raccommodé avec quelques bandes de papier (nous saurons tout à l'heure pourquoi), quelques gravures, une vierge, un ange gardien et un Christ avec sa branche de buis.

On sent qu'il y a là une ménagère.

Il y a un berceau, c'est aussi une jeune mère, l'ange gardien le faisait pressentir.

Par extraordinaire, il y a un léger désordre : de l'ouvrage frais et coquet est étendu sur une chaise, on a veillé tard pour le finir, on s'est arrêté quand la lampe a commencé à fumer.

Il est sept heures du matin ; le mari est seul levé, il s'est arrêté et contemple sa jeune femme qui dort encore. A ce moment, un rayon de soleil traverse la chambre et vient éclairer le visage de la jeune mère.

Lui, les bras croisés. « C'est à moi ce bijou-là ! j'peux dire que le bon Dieu m'a gâté ! c'est doux, sage, rangé, économe, travailleur, pas coquet. »

« Faudrait que je *soye* un scélérat pour n'pas la rendre heureuse.

« Elle a travaillé jusqu'à deux heures du matin

pour finir la toilette de la p'tite — pour qu'elle *soye* belle demain... Faut que j'lui fasse une surprise, que j'lui fasse son ménage, qu'j'astique les meubles.

« Tiens, j'vas lui faire son café à la crème ; elle n'a que c'te gourmandise-là. J'veux la traiter en duchesse, j'lui servirai son café dans son lit. Al s'ra la duchesse toute la journée.

« Ou's qu'est la boîte au lait ? Bon ! la v'là.

« Ah mais, j'nai pas d'argent !... Oui, mais, elle — elle en a toujours, elle est si économe ; elle ne sait pas que je connais sa cachette — voyons dans le coin de la commode...

« Oh un jaunet ! a-t-elle dû coudre pour économiser ça, — pauvre petite femme ! »

Il descend sans bruit ; arrivé sur le trottoir, il entend un psitt...

— Tiens, c'est Grégoire (il met les mains en entonnoir devant sa bouche et répond) :

— Non, j'peux pas, j'suis pressé.

— Rien qu'une tournée...

— J'ai pas d'argent, c'est à Denise.

— Rien qu'une... Alors rien qu'une...

Il entre chez le marchand de vin.

— Bonjour, père Michelin.

— Entrez, c'est versé, goûtez-moi ça !

— Ah ! il est bon vot' picolo (il lèche ses lèvres).

— Redoublons ça, dit le chand'vin, c'est moi qui paie.

— Hum ! il est bon (il claque la langue), j'peux pas avoir l'air d'un pingre, — allons, la mienne, dit Michel. Hum ! (il reclaque la langue.)

— J'en ai encore du meilleur que ça, dit le chand'vin, du cacheté : jouons-en une bouteille au zan-zi.

— 20 + 30 = 50 à vous, 40, à toi, Grégoire : 90.

— Perdu.

— Ah mais la revanche !

— Gagné.

— Allons, la belle, dit Grégoire !

— Enfoncé, mon vieux.

— Tiens, dit Grégoire, qu'est-ce que c'est que c'toutil que t'as dans la main ? C'est donc toi qui fais les provisions ? J'te connaissais pas c'talent-là (il tape sur la boîte qui roule à terre).

Michel est vexé, il veut ramasser la boîte et

tombe aussi. Il se relève en maugréant et veut partir.

— Réglons, dit le marchand de vin.

Michel donne sa pièce de dix francs ; on lui rend six francs. En une heure, il a dépensé quatre francs, il est ivre, il titube pour regagner sa maison... il oublie la laitière.

Il remonte l'escalier en cognant les murs, jurant et grognant.

« Et Denise, qu'est-ce qu'elle va dire ? D'abord elle n'a rien à dire — c'est moi l'maître et puis j'aime pas les observations — faut pas qu'on m'vexe, j'ai la main leste et gare ! ! !

« Ah ! non, battr' une femme, c'est lâche !

« Oui, mais sa femme, c'est pas une femme, c'est sa femme — eh bien ! qu'a reste tranquille (il rentre...).

— Comment ! t'as déjà bu à c't'heure-ci, quand moi je me tue à coudre toute la nuit ?

— C'est la faute à Grégoire, j'voulais pas, c'est lui qu'a voulu.

— Comment ! tu le fréquentes toujours c't'homme-là ?

— C'est un copain d'atelier, y m'blaguerait !...

— T'es donc pas un homme, tu n'aimes donc pas ta femme et ton enfant (il s'assied, elle, pleure).

— Pas de pleurnichement, j'aime pas ça.

— Alors nous nous quitterons — puisqu'on n'peut arriver à rien ; déjà le mois dernier t'as voulu m'battre et t'as cassé le vase de fleurs et une chaise.

Enfin scène de ménage, reproches, pleurs, cris de l'enfant et puis Michel se jette sur le lit, s'assoupit et ronfle.

Il se réveille, on se boude pendant quinze jours. — Michel se fait petit et comme il n'y a pas d'avocat qui se mêle de l'affaire, on se pardonne, jusqu'à la première fois.

Voilà un tableau qu'on pourrait tirer à 100.000 exemplaires, il reproduirait ce qui se passe le samedi dans trop de ménages.

A quelques détails près, c'est la même scène. Le pire c'est que ce n'est pas seulement l'apanage des gens de mauvaise conduite. Combien de gens qui ont, par ailleurs, de grandes qualités, en arrivent à se faire souffrir par entraînement ou par faiblesse !

Faisons le portrait des quatre personnes dont il est parlé dans cette scène.

D'abord de Grégoire, l'orateur de marchand de vin, — 40 ans, voix de basse et de rogomme ; citoyen connu dans le quartier comme chef de l'opposition, du parti avancé. Il se charge d'amener la clientèle au débitant, dont il est l'ami, jusqu'à ce que son compte soit trop chargé.

Grégoire connaît tous les scandales du quartier, il les colporte ; il est heureux qu'il n'y ait pas que son ménage qui aille de travers.

Il se vante hautement d'être un honnête homme ; mais il n'y a que lui de son avis. — Mais on le craint ; on ne sait même pas s'il n'est pas de la police.

C'est une âme vile ; il aime à salir, parce que plus on sera sale, moins il paraîtra sale.

Puis vient Michel ; un bon garçon celui-là, mais faible, très faible.

Il aime sa femme, son enfant réellement ; mais il aime aussi le vin et devant une bouteille de vin, il oublie sa femme et son enfant.

Il se jetterait à l'eau pour sauver son enfant, mais il n'a pas la force de se jeter sur la carafe en pensant à son enfant.

Ah ! la faiblesse ! que de crimes elle fait faire, combien il est malheureux de n'être qu'un bon garçon et de manquer de caractère.

Que d'hommes devraient se reprocher de n'être que de bons garçons, épithète que l'on donne à trop de gens sans valeur.

Puis la femme ; elle, remplie de qualités, son mari les a énumérées ; mais il les a réduites à l'état naturel.

Dès le lendemain du mariage, par poltronnerie, il lui a dit qu'elle devait quitter les pratiques chrétiennes de sa jeunesse, qu'il ne voulait plus de cela.

Dans la chambre il y a un Christ, un tableau de la sainte Vierge, de l'ange gardien pour son enfant ; mais c'est le culte du souvenir.

Elle a travaillé jusqu'à deux heures du matin pour finir la toilette du chérubin.

Demain les passants jetteront un regard aimable à son chéri ; les grands-parents s'extasieront devant sa jolie mine.

Elle, jeune mère, elle sera coquettement mise, son mari en sera fier, — on sera heureux, à moins qu'on ne rencontre un mauvais camarade qui fasse faire de la dépense et l'entraine hors de chez lui.

Quel idéal, quelle tranquillité, quel avenir !!!

C'était une bonne fille, mais elle avait envie de se marier, d'être aimée ; elle n'a pas voulu qu'on prenne trop de renseignements — et puis elle devait être si aimable qu'elle changerait son mari, qu'elle en ferait tout ce qu'elle voudrait — qu'elle le convertirait, et c'est lui qui l'a convertie à l'indifférence !

Enfin, l'enfant, ce petit être chéri, — mais avec quels exemples — querelles, scènes, gène — pas de prières, pas de formation du cœur. Qui lui aura appris à résister aux entraînements d'atelier ? qui aura travaillé à lui faire un caractère ? N'aura-t-on pas défait d'un côté ce qu'on avait édifié de l'autre ?

Combien de familles composées de braves gens remplis de qualités traînent, dans leur vieillesse, une existence pénible : on a travaillé cependant et durement, mais il y avait des fissures et ce qui aurait pu être des économies, petites mais multipliées, s'est échappé pour laisser le vide.

Que cette petite histoire nous porte à réfléchir

sur la nécessité de prendre du caractère et de nous avouer que de nous-mêmes nous ne pouvons que peu nous commander. L'aide de Dieu nous est indispensable et nous l'aurons par la prière qui élèvera notre âme, fortifiera notre cœur et nous donnera la force que Dieu a promise à ceux qui sauraient la lui demander.

NEUVIÈME CONFÉRENCE

Poseurs et jureurs.

En France, on n'aime pas les poseurs, les dédaigneux, les suffisants : on le dit, du moins ; cependant, il est peu de personnes qui ne posent pas, au moins un peu.

Les demi-mondaines posent pour la f·mme honnète ; mais, ce qui est plus étonnant, des honnètes femmes posent pour ce qu'elles ne sont pas.

Elles parlent haut ou à la cantonade ; elles emploient le dernier mot du jour : « c'est très chic », « c'est tordant », « c'est épatant », etc.....
il semblerait qu'elles oublient leur bonne éducation et la tenue modeste qu'impose le véritable bon ton.

Voyez la photographie : on y prend des posés d'homme célèbre, quand on ne se fait pas représenter en dix poses différentes.

Beaucoup d'hommes aiment à poser pour libres-penseurs.

Ils respectent « hautement » la religion des autres ; quant à la leur, ils n'en dissertent qu'entre la poire et le fromage, d'un air dédaigneux, presque toujours à la légère, car ils ne l'ont pas étudiée et ne font que répéter ce qu'a dit leur journal.

On critique avec suffisance ce qui a fait l'étude des hommes de la plus haute valeur : des saint Thomas d'Aquin, des saint Ambroise, des saint Augustin, des Pascal, des Bossuet, des Fénelon, des Lacordaire et *tutti quanti*.

On parle des choses les plus élevées, les plus sévères, avec une autorité semblable à celle de cet innocent (pour être poli) qui se croirait fort, parce que, d'un seul coup, il saurait crever un chef-d'œuvre, lui qui ne pourrait faire la moindre esquisse.

Enfin, l'on pose surtout pour l'homme nerveux, qui sait jurer.

Quels sont les hommes qui jurent ?

Ordinairement, les charretiers, les portefaix, les caporaux pour faire peur aux conscrits, les maladroits et les imbéciles.

De deux ouvriers, l'un adroit et l'autre maladroit, vous verrez que le premier, ayant préparé ses pièces avec discernement, intelligence et adresse, montera une pendule ou un lustre facilement, gaiement; tandis que son voisin, irréfléchi et inhabile, criera contre ses outils et même jurera fréquemment, pour donner le change sur sa maladresse.

Les notaires, les médecins, les juges, les professeurs, les savants, en un mot les hommes de bonne éducation ne jurent pas.

Il semblerait singulier, en effet, que votre docteur, en vous consultant, laissât échapper deux ou trois jurons.

L'homme de valeur sait se faire écouter, sans se mettre en colère; il impose le respect, par des ordres sensés, par le sang-froid et la politesse.

Pourquoi faut-il que tant d'hommes croient que jurer leur donne de l'importance, et semblent traiter leurs semblables comme les charretiers conduisent leurs chevaux.

Il y a des braves gens qui disent : « Ce n'est pas par méchanceté que je jure, c'est par habitude. »

« Eh bien, quand je vous rencontre, si je vous arrachais un poil de barbe, puis deux, puis trois, en vous disant : « Ne vous fâchez pas ; ce n'est pas par méchanceté, c'est par habitude. » Vous me répondriez : « N'y revenez pas, ou je vous ferai perdre vivement votre habitude. »

Supposez encore que vous fussiez chef de maison et que votre nom étant Arnaud ou Duranton, votre charretier apostrophât 20 fois son cheval du nom de Arnaud ou de Duranton, vous le prieriez sévèrement de ne plus se permettre cette licence insultante.

N'y a-t-il donc que le nom de Dieu que l'on puisse se permettre de prendre librement, sans manquer à personne ?

Est-il vraiment intelligent, pour une nation qui se pique d'être spirituelle, de laisser ainsi blasphémer, sans manquer aux premiers principes de l'esprit et des convenances ?

Ne jurons donc pas, parce que, le faisant, nous donnons un mauvais exemple aux enfants et aux faibles, après avoir insulté Dieu.

Si c'est par colère que nous jurons, rappelons-nous que la colère est un acte fébrile, violent, qui nous laisse plus faibles après l'énervement.

Si c'est par habitude, regrettons une habitude mauvaise et corrigeons-la.

Que penserions-nous d'un gouverneur, d'un dictateur qui, méprisant le peuple, ferait paraître un décret le forçant à jurer et à n'employer qu'un langage grossier ? Nous nous révolterions, nous nous plaindrions, disant que le peuple, ayant beaucoup à mériter et à souffrir, ne doit pas être humilié, qu'il doit être respecté dans sa dignité.

Ne soyons pas pour nous cet autocrate qui veut nous rabaisser : respectons-nous dans notre langage : c'est notre droit, c'est notre bien.

Une anecdote intéressante complètera cet entretien :

Un vieux commandant avait pris l'habitude de jurer presque sans interruption. — Il devint malade : — Pour le soigner, on fit venir une religieuse, qui, dès le premier blasphème, fut toute troublée, embarrassée, rougissant jusqu'au front.

Le commandant s'en apercevant, dit à la religieuse : « Qu'avez-vous donc ma sœur ? Êtes-vous effrayée pour si peu ? »

« Comment pour si peu ! lui répondit-elle ; mais c'est la première fois que j'entends blasphémer ainsi : les ouvriers chez lesquels je vais ne se le sont jamais permis ! ! ! »

« Vous, Monsieur, qui avez commandé à tant d'hommes, ne pouvez-vous rien vous imposer à vous-même ? »

« Mais c'est une habitude, dont je ne puis me défaire... »

« Eh bien, si l'un de vos hommes vous avait répondu cela, qu'en auriez-vous pensé ? Mon commandant, vous êtes un homme ; ce qu'un homme veut, il le peut : Consentez-vous à vous délivrer de cette habitude ? — le voulez-vous ? »

« Eh bien, soit, que faut-il faire ? »

« Promettez-moi dix sous pour mes pauvres, chaque fois que vous jurerez ! »

« Eh mais, c'est bien cher ! »

« Non, non, un homme comme vous, un commandant est un homme de volonté, il saura bien se maîtriser. Voulez-vous essayer ? »

« Volontiers ! »

Dans la même heure, il en avait déjà pour 5 francs, le soir pour 20 francs.

« Mais, dit-il à la religieuse, vous voyez bien, ma sœur, que c'est impossible ; je ne puis y tenir ! »

« Comment, mon commandant, est-ce moi qui vous pousse à manquer à votre promesse ? Vous verrez bien que, demain, vous arriverez à ne vous oublier que pour 10 francs. — Habituez-vous comme Lahire, sur le conseil de Jeanne-d'Arc, à ne dire plus que « Par mon bâton ! ou, par Barbe-bleue ! » et cela ne comptera pas. »

Le commandant le fit et, quelque temps après, sa bonne volonté avait redressé une éducation que le juron avait déformée.

DIXIÈME CONFÉRENCE

Causons un peu socialisme et collectivisme.

Un soir, sur les bords de la Marne, non loin d'une usine, quatre ouvriers devisaient après dîner en fumant leur pipe.

Ils étaient allés la veille au club ; on y avait parlé du partage des biens.

— Tout de même, si on *aurait* chacun 1.200 francs de rentes, comme disait hier le citoyen orateur ; comme *ça serait heureux* (se prit à dire le plus jeune) (1).

— Eh bien, lui répondit l'un d'eux, mécanicien de l'usine, si on avait 1.200 francs de rente, qu'est-ce que tu ferais, Michel ?

(1) Il avait confondu 1.200 francs par famille avec 1.200 francs par personne.

— Ah, je ne serais pas embarrassé, j'appellerais tout de suite le passeur et j'irais dans l'île, qui est en face, où je pêcherais toute la journée.

— Et toi, Alfred ? continua le mécanicien.

— Moi, la pêche, j'trouve ça trop bête, je chasserais du matin au soir.

— Et toi, Célestin ?

— Moi, je partirais, avec Joséphine, faire le tour de France à bicyclette : j'saurais bien m'arranger pour vivre, à deux, avec 1.200 francs.

— Mais toi, qui nous demandes ça, qu'est-ce que tu ferais ? dirent en même temps les trois premiers.

— Moi, je continuerais à travailler, parce que l'homme n'est pas créé pour...

— Allons, allons pas de morale...

— Pas de morale, reprit le mécanicien ; hé bien, toi qui aimes tant la pêche, pourquoi ne t'es-tu pas fait pêcheur ?

— Parce que ça m'ennuierait de pêcher toujours.

— Et toi, qui aimes tant la chasse, manges-tu toujours ton gibier.

— Non, je le donne souvent au père Martin, en échange de son dîner.

— Alors si chacun de vous avait 1.200 francs de

rentes, il ne ferait plus que ce qui lui plairait...

— C'te bonne chose, reprirent les camarades.

— Eh bien, puisque toi Michel tu ne manges pas ta pêche, ni toi ton gibier ; sur les 6 heures, vous auriez faim ?

— Ayant 4 francs à manger par jour, ça ne serait pas difficile, nous hélerions le passeur.

— Le passeur, mais il aurait aussi 4 francs à manger par jour, il ne serait plus là.

— Alors on prendrait une barque et on viendrait dîner chez le père Martin.

— Mais Mme Martin que vous tenez, jusqu'à 11 heures du soir, à vous voir jouer aux cartes, ayant 1.200 francs de rentes, partirait en Bourgogne pour vous retirer son mari qui boit trop dans son commerce.

— Eh bien, nous prendrions le train et nous partirions à Paris.

— Paris ! le chemin de fer ! mais l'aiguilleur, le chauffeur, les hommes de la voie, les buralistes, dès qu'ils auraient 1.200 francs de rentes, quitteraient le chemin de fer, ils feraient, à leur tour, tout ce qu'il leur plairait. Le facteur n'apporterait plus les lettres ; le cantonnier ne casserait plus de cailloux.

Les éleveurs, les maraîchers, les laitiers, les bouchers ne trouvant plus de garçons seraient obligés de travailler ; mais ils vendraient tout hors de prix ; conséquemment, il faudrait se priver de beaucoup de choses. Voilà comment devisaient ces hommes.

Cette maladie de division de la fortune publique, qui tient le monde depuis 100 ans, ne produirait qu'un malaise général détruisant la prospérité au bénéfice de quelques intrigants.

Les gogos, amusés par cette nouveauté, ne seraient pas longtemps à redevenir aussi dénués qu'auparavant, après avoir servi de marche-pied aux novateurs rusés ou fous qui les auraient entraînés.

Le simple bon sens ne vous dit-il pas que les joueurs n'en auraient pas pour plus d'un mois à avoir engagé leur rente ?

Les noceurs, les paresseux, les imbéciles seraient bientôt à la merci des travailleurs qui ne tarderaient pas à devenir petits capitalistes et peut-être exploiteurs.

On aurait mis tout sens dessus dessous pour tomber dans un état pire.

La conséquence fatale serait qu'il faudrait mettre des impôts plus forts sur toutes choses pour trouver des ressources qui permissent de remettre en état tout ce qui aurait été négligé ou se serait détérioré ; pendant que les travailleurs aux 1.200 francs de rentes auraient fait l'essai du métier de rentier.

Ce ne seraient plus les mêmes qui posséderaient les grosses fortunes ; pensez-vous ?

C'est vraisemblable, mais les nouveaux possesseurs seraient-ils mieux que les premiers ?

Supposez que les contre-maîtres deviennent patrons, croyez-vous qu'ils seraient plus tendres que leurs anciens chefs ?

L'expérience prouve le contraire. Ceux qui veulent parvenir sont, d'habitude, âpres au gain : ils ont tout à faire et veulent faire vite ; tant pis pour qui les gêne.

Et puis tous les gros capitalistes font-ils fortune ?

N'y a-t-il pas des gros entrepreneurs qui font faillite, des accapareurs qui se ruinent ?

Qui achèterait froidement des millions de blé, de fer, de charbon, de pétrole, parmi les hommes prudents amis de leur tranquillité ?

Avec les conservateurs seuls, que d'usines se

fermeraient, que de hauts-fourneaux s'éteindraient, que de fabricants iraient planter leurs choux, s'ils avaient seulement 6.000 *francs de rentes.*

On ne peut faire de grands travaux sans de grands capitaux.

La passion de faire fortune, qui n'est pas à admirer, est un mal nécessaire, un stimulant à l'activité humaine ; elle profite, malgré elle, à la masse des travailleurs en occupant nombre d'ouvriers, qui trouvent tous les jours un salaire que les prudents ne seraient pas suffisants à leur donner.

Certains pensent que l'Etat devrait être le seul patron.

Ce serait pis que ce qui est : on perdrait toute liberté, toute initiative.

Les nombreux employés des six grands magasins de nouveautés se plaignent tous de leur encasernement.

Nous qui crions tant contre les monopoles : qu'ils s'appellent compagnies de chemin de fer, compagnies du gaz ou des omnibus, nous voudrions l'Etat-Monopole, dans lequel nous serions enrégimentés, immatriculés, et contre lequel nous n'aurions plus le droit de plaider !

Nous ne serions plus des citoyens, mais des numéros.

Quand l'Etat nous aurait mal notés, chassés d'un service — alors un livret, un casier de l'Etat nous précéderait dans l'emploi dans lequel il nous enverrait en défaveur.

La conscription civile aurait droit sur toute notre existence.

Arrivés à un certain degré de démérite, nous devrions passer devant un tribunal civique qui nous condamnerait peut-être à la prison.

Ah! que les partisans de l'Etat-Patron seraient prompts à réclamer si on leur accordait l'accomplissement de leur rêve.

Les collectivistes disent qu'ils ne veulent pas le partage général, mais l'acquisition, par l'Etat, de toutes les grandes forces motrices et de toutes les richesses industrielles.

Mais d'abord que ferait-on des anciens propriétaires d'usine? Les indemniserait-on, ou agirait-on moins bien avec eux que les Prussiens ne l'ont fait avec les compagnies de chemin de fer qu'ils ont annexées?

Par qui les remplacerait-on?

Par des chefs que nommerait l'Etat-Patron.

Alors dès que nous serions en collectivisme, les hommes deviendraient, par le fait, tous honnêtes, consciencieux, capables; c'est toujours le rêve des novateurs.

Dans l'Etat-Patron, au premier abord, nous ne voyons qu'un chef; mais il y aurait : des contre-maîtres, des directeurs, des contrôleurs, des inspecteurs, des ingénieurs-chefs, des ingénieurs ordinaires, comme dans tout ce que fait l'Etat.

Voyez l'administration des finances, des tabacs, des arsenaux, des chemins de fer, des allumettes...

L'Etat a l'art de tout payer plus cher; il fait la position d'un certain nombre de personnes avec le bon public, qui voudrait qu'il fût l'entrepreneur universel; oubliant qu'un peuple fort et énergique doit aimer à faire par lui-même ses propres affaires; ne laissant à l'Etat que le droit de percevoir les impôts nécessaires.

Il doit être aussi entendu que tous les directeurs choisis par l'Etat collectiviste seraient de suite aimés des ouvriers : il n'y en aurait pas dix sur cent qui conspireraient et intrigueraient contre les nouveaux chefs, au moins autant qu'ils le faisaient contre les anciens patrons.

Non, non, quand on a un système nouveau, on veut faire croire que les hommes à qui on l'imposera seront parfaits.

Maintenant demandons aux collectivistes à quel nombre d'ouvriers les grandes usines commenceront à accaparer ?

Sera-ce à 200, 500, ou 1000 travailleurs ?

A 100 par exemple.

Bien ; alors l'Etat-Collectiviste, avec les capitaux des citoyens, avec l'outillage de la nation, ferait la concurrence aux travailleurs modestes, intelligents, ingénieux et libres qui ne consentiraient pas à être au biberon de l'Etat.

Ces ouvriers habiles ayant confiance dans leur force, ne voulant relever que de leur courage, devraient payer des impôts à l'Etat, qui leur prendrait l'ouvrage.

Expliquez-moi la chose autrement, si vous pouvez sans tomber dans le socialisme brutal ou dans la nation entière enrégimentée dans son travail et dans son industrie.

Quelques-uns pensent satisfaire tout le monde en

disant : « mais toutes les positions se donneraient au concours. »

Il est toujours convenu qu'en collectivisme, tous les hommes pratiqueront les vertus civiques ; les juges experts seront tous intègres, capables et connaisseurs, point susceptibles du plus modeste Panama, les pots de vin seront remplacés par des pots d'eau de Saint-Galmier.

Dès que les juges experts auront décidé que :

Vous serez chef d'usine, — on en sera capable.

Vous serez ingénieur, — on sera content.

Vous serez chauffeur, — moins content.

Vous serez notaire, — on en aura le savoir, pourquoi pas ?

Vous serez clerc d'huissier, — on ne devra pas penser être capable de mieux.

Vous ne pouvez être qu'égoutier, — c'est peu flatteur.

Un peu moins qu'égoutier,— adieu tout espoir !!

A quel âge se feront les concours ? — A 12 ou à 20 ans ?

A 20 ans, quelle déception ! si l'on n'est admis qu'à un état manuel.

A 12 ans ! — comment pourra-t-on prévoir le

développement des facultés, la persévérance au travail qui dépasse souvent les facultés brillantes au début.

Puis ne voyez-vous pas les candidats intriguant, par leurs parents et leurs amis, pour obtenir les plus beaux emplois, — c'est l'habitude ; — mais surtout, le mécontentement persistant des déboutés, dépités, qui, toute leur vie, accuseront l'État de les avoir méconnus, d'avoir entravé leur liberté.

Nous n'avons pas parlé de la perte irréparable de l'initiative individuelle, résultat du fait des classements imposés.

Pour quel mobile travaillerait tant ce père de famille, puisque son fils ne pourrait profiter, comme il l'entend, des efforts de sa vie.

Pourquoi dépenser tant pour l'instruire, s'il doit risquer à n'être que briquetier, chauffeur ou limonadier ?

Et dire que ce sont les mêmes hommes qui se sont plaints des abus des jurandes, des corporations et des maîtrises, qui voudraient les imposer d'une manière plus autoritaire et moins intelligente.

Demandons aux novateurs socialistes et collectivistes ce qu'ils ont su créer de pratique pour donner confiance dans leurs idées.

A Paris, la société des Lunetiers, sans rien demander à l'Etat, sans bruit, par le travail intelligent et assidu, par l'ordre, la régularité, — la société des Lunetiers a pu créer à ses membres une position tellement enviable, que chacun de ses ouvriers demande à être admis comme aspirant sociétaire.

Pourquoi les collectivistes, qui ont aujourd'hui tant de protecteurs dans le gouvernement, n'ont-ils encore que des théories imprimées, — pas un atelier et rien de pratique.

Ces novateurs ne veulent pas savoir que les Lunetiers se sont choisis sévèrement : travailleurs intelligents, persévérants et ordonnés pouvant avoir confiance les uns dans les autres.

Ils n'ont rien voulu imposer à personne, mais seulement se servir de leur liberté de bien faire.

Ce que l'on peut réaliser en pratiquant les vertus civiques ne peut être demandé et surtout édicté à une nation qui doit occuper tous ses sujets, bons ou mauvais.

Sachons toujours distinguer l'utopie, le rêve

d'avec la réalité pratique ; lisons de temps en temps la fable de LAFONTAINE : *Le chien qui lâche sa proie pour l'ombre.*

Si notre Société a, comme tout ce qui est de l'homme, des réformes à faire, faisons-les sagement, progressivement, sûrement.

Pour cela, souvenons-nous toujours qu'il est plus facile de nous modifier chacun que de demander à tous de se réformer pour nous.

C'est par les vertus civiques que les peuples augmentent leur valeur et leur force, plus que par des discours.

Les vertus civiques s'obtiennent par l'aide de Dieu et non par l'orgueil de l'homme, qui n'a par lui-même que sept vices capitaux, qui le tiennent et le poussent à l'égoïsme.

Prier Dieu n'est pas s'abaisser, puisqu'il n'y a que le vice qui abaisse l'homme. Prier Dieu, c'est faire preuve de bon sens, de bonne éducation, d'une modestie saine qui sait reconnaître que la créature doit rendre hommage au Créateur.

ONZIÈME CONFÉRENCE

La société des « boit-sans-soif ».

Je me trouvais, un jour, sur un tramway (Bastille-Saint-Ouen) lorsque je vis venir, d'un peu loin, un char enrubanné, garni de feuillages et orné de drapeaux. — Le char, quoique trainé par quatre chevaux, s'avançait lentement, rendant ainsi facile l'examen de ses détails. — Aussi, me fut-il aisé de lire cette inscription sur les banderoles : « Société des Boit-sans-soif. »

Je ne fus qu'à demi surpris du titre ; je connaissais déjà « Les Becs-salés » — « Les Béni-bouffe-toujours » et « Les 100 kilogs ».

Les sociétaires étaient coiffés de chapeaux de paille, uniformes et originaux ; leurs visages déjà rouges et enluminés reflétaient la joie de leur triomphe. — C'étaient ce qu'on nomme vulgairement des « réjouis-bon-temps » et, plus vulgairement encore — « des noceurs ». — Il devait y avoir peu de ce qu'on appelle : des vrais travailleurs, des commerçants jaloux de faire honneur à leurs affaires, des gens d'ordre, des pères de famille sérieux.

Le char allait passer sur la place de la République, sur cette place où, l'hiver précédent, s'étaient tenus longtemps des banquets très serrés, où les invités, grelottants et nombreux, étaient heureux encore de recevoir un bol de soupe chaude. — Puis la nuit venue, sous des tentes rudes et fortes, ils avaient dormi, tant bien que mal, songeant peut-être à l'argent mal employé qui leur aurait été si utile, le lendemain.

J'étais peiné par le contraste de cette fête et de ces souvenirs. Je me demandais si quelques sociétaires ne viendraient pas, l'hiver suivant, après avoir bu « sans soif », demander eux aussi, par un temps froid, une soupe insuffisante.

Ne voit-on pas de pauvres gens souffrir, et souffrir beaucoup, parce qu'à telle heure, ils ont oublié que les « noces » ont un lendemain, et qu'après une belle quinzaine où l'on a follement dépensé, il faut emprunter, si l'on a du crédit, ou « se serrer le ventre », si le crédit est épuisé !

Que, de temps en temps, on boive un verre de vin de trop, et que l'on s'oublie, tout le monde le comprend ; mais qu'on fasse partie d'une société qui facilite les écarts, c'est se tromper soi-même.

Certes, il faut à l'homme des plaisirs honnêtes et des distractions convenables. — *Les distractions doivent reposer le corps et l'esprit, et les préparer à un travail meilleur.*

Il ne peut en être ainsi dans les sociétés où l'on s'entraîne à boire, surtout dans celles où l'on fait profession de plus emplir son ventre que de le satisfaire. — L'expérience nous montre qu'il faut toujours se défier des divertissements qui n'ont pas le bon sens et l'honnêteté comme fin.

Quelle opposition avec le plaisir honnête pris en famille ! — Le grand nombre des infortunés, des malheureux, devrait nous faire réfléchir au danger de ces entraînements et à la sagesse, qu'avaient nos anciens, de faire *la part du pauvre* dans toutes les fêtes.

Mais c'était chrétien, et nous avons aujourd'hui

des faiblesses pour le paganisme. — Paganisme, ce mot paraît étrange, et je vois rire d'ici ces hommes, prétendus sérieux, qui affectent de paraître au-dessus des croyances humaines.

Qu'ils veuillent donc bien nous dire ce que c'est qu'une société qui ne crée que des fêtes pour un peuple qui souffre, qui a besoin de travail et manque d'argent pour profiter des plaisirs qu'on lui présente sous toutes les formes et sur toutes les places.

Ah ! la raison humaine suffit : venez donc en parler, et l'on vous répondra par ces sociétés de plaisirs grossiers, par ces établissements d'absinthe où, comme des Chinois fumant l'opium, les citoyens perdent peu à peu la raison, en devenant alcooliques, quand ils ne deviennent pas fous furieux : — On vous montrera ces jeunes gens à la marche traînante, aux cheveux collés sur les tempes, attendant l'argent que des filles, aujourd'hui perdues, doivent leur apporter sous la crainte de leurs violences. — Ces mêmes jeunes gens et, souvent, ces filles s'unissent pour faire un « coup » qui peut conduire jusqu'à l'assassinat.

C'est dans les journaux de ces admirateurs de

la froide raison, qu'on trouve le récit de ces faits qui, avec les jeux aux courses, les banques interlopes, les divorces, nous ramènent au paganisme.

— Heureusement que, pendant ce temps, comme autrefois dans les catacombes, se reforme une société d'hommes qui admirent aussi la raison, mais la raison guidée par la foi. — Ces hommes croient à l'efficacité de la vertu, à la force des enseignements de l'Evangile. — Ils croient qu'obéir à ses passions est une faiblesse, et que le courage est de leur résister.

Ils savent qu'ils doivent soumettre le corps à l'esprit. — L'esprit seul donne la noblesse à l'homme ; mais la noblesse de l'esprit vient de l'élévation de l'âme vers Dieu.

Oui, c'est Dieu seul qui, par l'Evangile, a combattu l'égoïsme de la société païenne, nous a appris à honorer le travail, à respecter la souffrance, à aimer notre semblable, à nous dévouer pour lui.

Laissons donc ces esprits superbes qui ne veulent relever que d'eux-mêmes, et suivons, en l'aimant aussi, Celui qui a dit le premier : « Aimez-vous les uns les autres. »

DOUZIÈME CONFÉRENCE

Des responsabilités.

Qui ne connait, autour de soi, des personnes qui sont aimées et estimées de tout le monde, parce qu'elles sont patientes, discrètes, charitables, bien qu'elles ne pratiquent pas la religion ?

Faut-il, comme y sont portés certains chrétiens, ne point reconnaître le bien qu'elles font, parce qu'elles n'observent pas les lois de l'Eglise ?

Non, — très certainement non.

Il est fort regrettable que des personnes douées d'aussi belles qualités oublient de qui elles les tiennent. — Il est surtout surprenant que des femmes bonnes, sensibles, délicates, vivent ainsi de nombreuses années en oubliant la reconnaissance qu'elles doivent au christianisme.

C'est lui qui a fait d'elles la compagne de l'homme. — Ces femmes honnêtes, distinguées devraient constamment se rappeler que, dans des contrées peu éloignées de nous : en Afrique, en Turquie, par exemple, la femme est encore soumise à l'homme comme une esclave : — Lui, beau cavalier, trône sur son cheval, tandis qu'elle, elle le suit à pied.

C'est la religion chrétienne qui nous a délivrés du honteux asservissement auquel nous étions assujettis ; la femme surtout ne devrait jamais l'oublier.

Non ; il ne faut pas méconnaître les qualités des êtres délicats qui aiment le bien, sans pratiquer la religion ; mais il faut déplorer leur aveuglement et s'efforcer de faire comprendre à ces âmes égarées quel temps précieux elles perdent pour les récompenses de l'autre vie.

Ces personnes honorables sont bien telles qu'elles sont, dites-vous ?

Je l'admets. Mais, avec le secours de Dieu, ne seraient-elles pas meilleures encore ? Ne donneraient-elles pas l'exemple, de le servir, utile à tous. Elles ont pourtant le devoir de le donner. Pourquoi donc ces excellentes personnes ne s'élèveraient-elles pas en vertu ? — Auraient-elles peur d'être trop bonnes et d'aimer Dieu réellement ? — Quelle responsabilité !

Il serait bien utile de les engager à examiner si les qualités naturelles qu'elles ont reçues de la Providence ne seront pas pour elles une cause de sévérité dans les jugements de Dieu.

L'Evangile, en parlant du serviteur qui n'a pas fait profiter son talent, ne vise-t-il pas ces personnes vertueuses ?...

Elles sont bonnes : en remercient-elles Dieu ? — ou s'admirent-elles elles-mêmes ?

Elles ont l'amour du bien : en ont-elles le mérite ?... — Travaillent-elles à l'augmenter ?

Par le fait qu'elles négligent les pratiques de religion, ne semblent-elles pas dire que ces pratiques sont inutiles, et ne le disent-elles pas quelquefois ?

Quelle négligence, ou quel dédain de la loi divine ! Quel exemple dangereux pour les faibles, eux qui ont tant besoin d'encouragement et de soutien ! Celui qui a des penchants moins heureux ne pourrait-il pas dire : un tel fait le bien pour lequel il a de l'attrait ; moi, je fais le mal qui me tente ?

Que devient la pratique de la loi de Dieu dans tout cela ?

Le Bon en tient-il plus compte que le Mauvais ?

Dieu nous a créés pour le connaître, l'aimer, le servir et mériter un bonheur éternel.

Cette connaissance, cet amour, ce service de Dieu doivent se traduire par un culte : — les gens réputés bons et honnêtes sont coupables de ne pas y penser ; ils en sont responsables.

Il est vraisemblable que tout le bien qu'ils auront fait servira à leur conversion : — « L'aumône couvre la multitude des péchés », est-il dit dans l'Évangile.

Mais la conversion indique l'époque où l'on a commencé à revenir à Dieu. — Si cette conversion arrive à l'heure de la mort, on sera sauvé — oui, mais sauvé ne veut pas dire bienheureux.

Un sauvé, brûlé au visage, en aura pour long-temps à se guérir.

Il y aura donc toute une existence passée loin de Dieu à expier ! — La logique doit produire de sérieuses réflexions !...

« Qui ne travaille pas avec moi est contre moi »,

dit l'Evangile. Prenons garde à la vaine satisfaction d'être « des gens honorables et dignes », mais des gens sans Dieu ! Nous assumerions de grandes responsabilités : 1° celle de n'avoir pas servi Dieu qui nous a créés ; 2° celle de n'avoir pas aidé les faibles à respecter sa loi ; 3° celle de n'avoir employé nos talents que pour notre satisfaction personnelle et non, comme nous le devons, pour faire notre salut et contribuer à celui de nos frères.

TREIZIÈME CONFÉRENCE

La cigale et la fourmi.

La cigale ayant chanté
   Tout l'été,
Se trouva fort dépourvue
Quand la bise fut venue.
Pas un seul petit morceau
De mouche ou de vermisseau.
Elle alla crier famine,
Chez la fourmi sa voisine,
La priant de lui prêter
Quelque grain pour subsister
Jusqu'à la saison nouvelle.
— Je vous paierai, lui dit-elle.
Avant l'août, foi d'animal,
Intérêt et principal.

> La fourmi n'est pas prêteuse :
> C'est là son moindre défaut :
> — Que faisiez-vous au temps chaud ?
> Dit-elle à cette emprunteuse.
> — Nuit et jour à tout venant
> Je chantais, ne vous déplaise.
> — Vous chantiez ! j'en suis fort aise.
> Eh bien ! dansez maintenant.

LAFONTAINE.

Cette fable donne une leçon de morale logique au prodigue ; mais cette morale sévère semble dure aux bons cœurs, toujours disposés à tendre la main et à donner un bon conseil à qui se repent.

Mais étudions cette fable ! — Elle nous présente d'abord une cigale, insecte ailé, chantant, qui vole partout, comme l'abeille, mais ne butine pas comme elle.

Trop souvent notre ouvrière parisienne, légère, gracieuse, coquette, vive, habile, chantant facilement, dépense comme elle gagne, sans penser au lendemain, au chômage, à l'hiver.

Elle aime à plaire et, pour cela, se pare autan qu'elle peut, trop souvent plus qu'elle ne le peut.

— Fleurs au chapeau, velours ou ruban relevant son teint, robe bien faite, chaussure moulant le pied ; elle trottine flattant le regard, elle est plaisante à voir.

Mais si l'ouvrage vient à manquer, comme elle n'a pas butiné, et que les effets se sont fanés ; alors la cigale, la tête basse, doit aller chez la voisine emprunter quelque grain de mil, pour subsister, un peu de charbon pour se chauffer.

Je vois rire les messieurs qui me lisent : il est facile de critiquer la femme sur ses ridicules. — Mais le poëte n'a-t-il pas dit :

> « Et sur ce point, moi je connais
> « Nombre d'hommes qui sont femmes. »

Si nous sommes francs, nous reconnaîtrons que si ce ne sont pas les rubans, les fleurs et les plumes qui nous occupent, cependant nous aimons aussi à paraître avec la montre et la chaîne d'or, ayant souvent emprunté pour nous les procurer.

Mais c'est surtout dans la vanité de paraître pouvoir dépenser beaucoup que nous montrons notre faiblesse. — Sans réfléchir aux jours mauvais, nous aimons, à la quinzaine, à faire festin sans être à la noce.

Les femmes, dit-on, sont gourmandes : elles aiment les friandises, les chatteries : — notre gourmandise à nous, c'est le tabac et les apéritifs, — que ce soit crème ou absinthe, si les économies se dépensent, le résultat est le même.

Les femmes aiment le plaisir, le restaurant, le bal, le théâtre, le café-concert : — Oui, mais dînent-elles toutes seules ? dansent-elles toutes seules ? Qui les excite au plaisir ?

J'entends bien des personnes me dire : « Mais si l'on vivait comme vous le désirez, comment iraient les affaires ? Les affaires ! mais lesquelles ?? Les nôtres ou celles des restaurants, des théâtres ou des liquoristes ?

Ces commerçants dont nous nous préoccupons tant, viennent-ils nous dire, le jour où tout nous manque : « Venez donc, vous qui avez fait marcher mes affaires, ma table vous est ouverte, ne vous gênez donc pas. »

Si l'on peut si bien dépenser pour faire marcher les affaires, il ne faut plus se plaindre de la femme coquette ou sans ordre qui dépense plus que l'argent qu'on lui donne : elle fait marcher le commerce.

Et maintenant passons à la fourmi.

D'abord remarquons qu'elle est petite, très petite ; que ce qu'elle peut porter pour économiser est encore plus petit qu'elle, et que ce n'est qu'après s'être sustentée, elle et sa progéniture, qu'elle peut faire sa réserve. — Elle amasse peu, mais elle amasse, puisque c'est à elle que l'on pense quand il faut emprunter. — Ne voit-on pas, dans les ateliers, des ouvriers habiles, gagnant 8 et 10 frs. par jour, emprunter quelquefois à des hommes de peine dont le salaire n'est que de 5 frs. ?

La leçon sérieuse que nous donne la fourmi, leçon bien précieuse, si nous savons réfléchir, c'est cette persévérance dans la petite économie, qui, avec le temps, produit l'aisance et souvent l'abondance.

Les cigales dédaignent ces réserves qu'elles plaisantent.

A un moment donné, ces petites ressources nous permettent d'attendre des jours plus heureux ; elles pourraient nous éviter d'avoir recours au mont-de-piété, peut-être nous éviter de vendre, à vil prix, la reconnaissance de la montre en or ; puis après, celle des effets d'hiver qui nous manqueront quand il fera froid.

Faisons comme la fourmi, soyons des gens aux faibles économies régulières : ne plaisantons pas les petits qui garnissent leur tire-lire. Que de gens intelligents, malins, mais vaniteux et dépensiers voudraient, à certaine heure, la briser dans un coin et partager avec ceux dont ils se sont moqués.

Mais n'imitons pas la fourmi dans son manque de générosité. Un cœur sec n'est pas enviable. Lafontaine parle d'insectes dont nous n'avons pas à imiter la morale.

Nous sommes chrétiens et l'ordre n'exclut pas la charité, au contraire.

Tout homme bien ordonné sait faire une place dans son cœur à l'infortune. — Qui pense aux autres sait penser à soi ; on prend, dans les peines ou les faiblesses d'autrui, des leçons qui ne tarissent pas notre générosité, mais nous servent à former notre expérience. — Il est dit dans un bon livre :

« *C'est un grand art pour amasser du bien que d'en faire aux autres,* »

Le jeu, le luxe, la débauche ont ruiné mille maisons, l'aumône n'en a jamais appauvri une.

Bouhours.

QUATORZIÈME CONFÉRENCE

« Qui travaille prie »

(D'après Ernest Legouvé).

Dans un village de la grande banlieue de Paris vivait un homme, jeune encore, nommé Boyer.

Ce travailleur de la terre était trapu, dur à la besogne, sobre, économe, de bonne santé, de bonnes et douces mœurs.

En dehors de sa journée, le soir, il cultivait un coin de terre, acheté avec le produit de ses épargnes.

En revenant du travail, si Boyer rencontrait une pierre ou un gros caillou, il les ramassait, ainsi que tout ce qu'il trouvait pouvant contribuer à bâtir une cabane, qui devait devenir maisonnette ; il voulait être chez lui pour ne plus payer de loyer.

Ses économies multiples lui servaient chaque année à acheter un bout de terre, qu'il ajoutait à son champ ; puis il fit changer la maisonnettle en maison.

Enfin, il acquit un morceau de lande dont, à force de travail, il fit une vigne et plus que jamais il travaillait le dimanche.

Quand le curé, le rencontrant, lui en faisait la représentation, Boyer lui répondait, toujours poliment, mais malicieusement.

— Monsieur le curé chacun son métier : le vôtre est de dire des messes, le mien de cultiver mon champ. Je vous aime bien et vous respecte ; mais je n'aurai que la fortune que je me ferai ; du reste « qui travaille prie ».

— Mon ami, en dehors du temps qui appartient à Dieu, le travail est une prière s'il lui est offert ; mais le labeur du dimanche n'est pas béni de Dieu parce que Dieu veut qu'on respecte sa loi.

On se quittait bien, mais le curé était peiné de voir un si bon sujet vivre comme si l'homme était une machine à travail et non un enfant de Dieu.

Boyer avait arrondi sa petite fortune ; il était devenu un petit propriétaire du pays ; il avait dépassé la trentaine ; il se maria.

Il prit une honnête personne, qui avait aussi un peu d'argent ; cela augmenta son petit capital.

Il eut une année de réel bonheur ; mais un enfant vint au monde, il coûta la vie à celle qui lui avait donné le jour.

Malgré l'avertissement que lui avait donné la Providence sur la fragilité de la vie, Boyer ne mit les pieds à l'église que pour le service funèbre de sa femme, et ce fut fini.

Il se remit de plus en plus au travail, reportant sur son enfant tout l'amour qu'il avait pour la mère : aussi, dès qu'il put le reprendre à la nourrice, il ne voulut plus s'en séparer ; il le transportait partout où il allait travailler.

Cet enfant était le soleil de son existence. De même que le rouge-gorge suit le laboureur et fait entendre ses cris de joie au fur et à mesure que la motte de terre soulevée montre les vers blancs, de même son enfant suivait ses travaux en gazouillant, l'appelant ou jetant des cris aigus. — C'était, pour Boyer, son rouge-gorge à lui, son bonheur, son Dieu.

L'enfant grandit, c'était un beau gas, bon enfant, sans volonté, sans caractère. Une idole ne se forme pas, on l'adore telle qu'elle est !

Boyer adorait son fils Jean... Lorsque tous les deux allaient à la ville, ils descendaient dans une bonne auberge, dont les maîtres avaient une grande fille, laborieuse. — Mlle Justine était alerte, bruyante, rieuse, mais énergique, despotique. Chez elle, la cordialité même n'était qu'un moyen de réaliser sa volonté.

On savait que Boyer avait du bien... Il était flatté de la réception que l'on faisait à lui et à son fils. On ne fut pas long à se confier que l'on pourrait s'entendre et à s'apercevoir que les deux jeunes gens, garçon et fille, se plaisaient.

La fille avait jugé que Jean serait le second dans le ménage ; qu'il serait ce qu'elle le ferait ; cela correspondait à son caractère autoritaire.

Boyer, en mariant son fils, gardait son champ et sa vigne, mais lui donnait l'argent placé et la maison, se réservant dedans une grande chambre. — Sans s'en douter, il se rendait lui-même prisonnier.

La jeune femme avait le goût du négoce. Avec

l'argent, elle achète cheval et voiture, court les foires et marchés pour y faire le commerce de la volaille.

Mais elle avait le goût et non la science du négoce. En trois années, en travaillant beaucoup, elle mangeait les économies du père Boyer.

Une autre se fût repentie ; en joueuse qu'elle était, elle dit : « L'argent m'a manqué ; avec plus d'argent, je ferai des affaires d'or. »

Alors elle convoite le bien du beau-père, il lui faut l'avoir. Comment lui faire consentir à le céder ?

Elle se fait plus prévenante, elle le plaint de se donner tant de peine à son âge !

— Vous n'avez pas plus pitié de votre pauvre corps que d'une vieille bêche, vous vous tuez ! L'autre jour, vous êtes rentré avec une migraine atroce. Il vaudrait mieux nous céder votre bien.

— Céder mon bien, dit le vieillard bouleversé. Ce bien, je l'ai gagné pièce à pièce, cep à cep. Cette maison, j'en ai apporté les pierres une à une.

— Allons, dit-elle en riant aux éclats mais nerveusement, qui vous parle de le donner ? Je vous dis de nous le céder. — Nous vous en servirons la rente en bel et bon argent. Vous n'aurez plus qu'à compter de beaux écus. — Ce bien, est-ce qu'il ne doit pas revenir un jour à votre fils. — Vous ne voulez pas le déshériter? ajouta-t-elle en riant. — Avec du bien, il deviendra conseiller municipal. Écoutez : vous vous levez deux heures plus tard depuis un an ; vos ouvriers en profitent, surtout les fainéants. — Combien de pièces de vin rentriez-vous autrefois? Vous en avez fait deux de moins cette année? Est-ce que nous ne sommes pas vos enfants? Vous ne voyez donc pas comme nous vous aimons?

Quatre jours après, le vieillard était vaincu, il était capté, il cédait. Aux observations prévoyantes du notaire, on répondait que c'était lui qui voulait faire la cession du bien.

Pendant la première année, tout alla bien, la rente fut payée. Mais dès la seconde, il y eut du retard. — La femme avait hypothéqué le bien pour recommencer son commerce ; il fallait en payer deux fois l'intérêt et on n'avait pas réussi; puis il y avait eu la grêle, de mauvaises récoltes. — Peu à peu, le mari inoccupé s'était mis à boire.

Alors Justine entoure son beau-père de prévenances. — Elle lui confie plus souvent ses petits-enfants, elle fait un siège en règle.

— C'est vous leur père... voyez comme ils vous aiment, nous pourrions être si heureux, si nous n'avions pas cette rente à payer !... Tenez, voulez-vous, je serai votre intendant, vous serez le seigneur, comme au château ?... J'achèterai vos vêtements... vous n'aurez plus à vous occuper de rien, que d'acheter votre tabac.

Cerné, n'ayant aucun ami pour demander un conseil, puisqu'il n'avait cultivé l'amitié de personne, il laissa faire.

Six mois après, on lui demandait sa chambre qui était trop froide pour l'hiver, et on la louait.

Quelques mois après, on louait sa seconde chambre et on mettait son lit dans l'écurie de l'âne.

— Puis un jour, ayant cassé sa tasse, on lui donnait une écuelle de bois.

On ne venait plus le voir. Son fils, faible, n'étant compté pour rien : il s'était habitué à laisser tout faire. Le petit enfant seul venait quelquefois le regarder... sans entrer.

Le chagrin le prit... il se pendit !

Le fils s'en aperçut le premier, mais n'osa couper la corde. Les soupçons l'accusèrent d'avoir exécuté le désir de sa femme. — Ce père était devenu une charge et un remords.

Boyer avait reçu de la providence : la santé, la force et des qualités rares, qui en faisaient un très bon sujet. Mais Boyer, convenable et régulier avec tout le monde, ne l'avait jamais été avec Dieu.

Sans méchanceté réelle, mais par indifférence voulue, il s'était refusé toute sa vie à contribuer au bon exemple que doivent donner les gens comblés des dons de la Providence.

Combien de personnes, comme il faut, semblent croire que le service de Dieu est bon pour les affligés et les faibles, mais que, elles, distinguées, ne sont pas tenues aux mêmes devoirs que les petites gens ?

On ne joue pas impunément avec Dieu, il n'a qu'à nous laisser à nous-mêmes pour que nous préparions notre perte.

Boyer à qui tout avait réussi, jusqu'à un certain moment, perdit sa femme. — Lui, qui n'avait pas voulu adorer son Dieu, ne sut pas aimer son enfant, il l'adora ; il ne sut pas en faire un travailleur et sut encore moins lui apprendre la reconnaissance.

Aussi, quand Boyer fut abandonné de ceux qui auraient dû l'entourer de soins, d'amitié, n'eut-il même pas l'idée de penser à Dieu, qui n'avait pas eu de place dans son esprit. — Le bon curé de son village, qui aurait pu être un bon conseiller dans ce triste moment, n'avait jamais eu son entrée dans la maison ; on l'avait toujours tenu éloigné, et pour cause.

Boyer ne pouvait penser à ce prêtre qui, pour lui, faisait un métier et ne devait pas avoir plus à s'occuper des affligés qu'il ne s'en était occupé lui-même. Ne connaissant ni la miséricorde, dont il n'avait pas consenti à entendre parler, ni le repentir, — quand son chagrin devint plus fort que son énergie, il se jeta dans le néant !!!

Nous sommes étonnés souvent de certains malheurs, dont on peut reconnaître la logique, en les raisonnant, quoiqu'on puisse les déplorer.

Cependant supposons, un instant, que nous ayons un fils honnête, travailleur, sobre, économe, qui fasse parfaitement ses affaires, qui soit même considéré comme honorable. Que ce fils que nous avons comblé de soins, d'amitié, de dévouement, ne nous ait pas rendu visite depuis dix, vingt ou trente ans, sous prétexte que nous pouvons vivre sans lui — quels seraient notre peine, notre chagrin, notre irritation de le voir se servir de tout ce que nous avons fait pour lui, d'en bénéficier en toutes circonstances, et de n'avoir pour nous que de l'indifférence, de l'ingratitude.

C'est ainsi que nombre d'honnêtes gens agissent avec leur Dieu et semblent le braver, d'autant mieux que le succès couronne leurs entreprises. — Ils ne connaissent que l'extérieur de sa maison.

Aimer Dieu, le servir est l'apanage des petites gens. Mais quand on réussit, quand on a l'intelligence du succès, n'a-t-on pas assez de ses affaires ? ne faut-il pas soigner ses relations ? n'a-t-on pas des obligations envers la société, envers son pays ? ne reste-t-il pas pour servir Dieu, les prêtres, les religieux, les enfants du peuple, puisque le peuple lui-même n'y pense plus ?

Boyer, possédé de l'ambition d'avoir du bien, s'était refusé à s'arrêter à la pensée qu'il était redevable à son Dieu de lui avoir donné la vie, la santé, la réussite : qu'importe si, à côté de ui, il y avait des éprouvés qu'il aurait fallu soutenir dans leur foi, soulager et consoler.

A l'heure de l'épreuve, Dieu l'abandonna, parce que, ayant reçu de Lui les plus grandes qualités, il avait été, comme tant d'autres, un scandale pour les faibles, qui voyant les favorisés délaisser la Re'igion, sont tentés de se dire : « Pourquoi servir Dieu, puisque ceux qui l'oublient ou le dédaignent réussissent mieux que nous ? »

Et cette morale serait logique s'il n'y avait la mort et le jugement !... Mais il y a la mort, le jugement et l'éternité.

QUINZIÈME CONFÉRENCE

De l'Autorité.

Faut-il une autorité ? — Oui. — Mais il ne faut pas confondre l'autorité avec l'autoritarisme.

On subit celui-ci, quand on ne sait plus respecter celle-là.

L'autorité est un bien — l'autoritarisme est un mal.

Dans toute réunion d'hommes, soit politique, soit militaire, judiciaire ou commerciale, on sent le besoin d'une autorité.

Elle sera sévère ou aimable suivant le genre de la réunion, commandée par un chef ou présidée seulement ; mais il y aura une autorité.

Que cent hommes se rencontrent, entièrement inconnus ; quelques heures après, ils éprouveront le besoin de reconnaître une présidence ou une direction.

Les regards se porteront, d'abord, sur l'homme à l'extérieur le plus imposant, puis, sur l'orateur ayant la parole la plus vibrante ; enfin on arrivera à l'homme ayant le plus sage raisonnement.

Les hommes les plus révoltés sont généralement les plus partisans de l'autorité ; non de celle des autres mais de la leur. — Dès qu'ils sont en possession du pouvoir, ils l'appliquent avec rigueur.

Ce qu'ils ont reproché aux gouvernants précédents, ils le veulent pour eux, tout de suite, par la force ; pour cela ils décorent leur volonté du nom de Salut public.

L'autorité a changé de maîtres, mais elle n'a rien perdu de sa sévérité, sinon même de sa dureté.

Quand les anarchistes auront détruit les chefs de la propriété, ils en nommeront immédiatement d'autres pour en partager les dépouilles.

Il est donc nécessaire d'avoir une autorité.

Qu'est-ce que l'autorité ?

C'est une puissance, une force que nous subissons, que nous acceptons, ou que nous choisis-sons.

Il y a donc : l'autorité de la force, l'autorité de l'influence, l'autorité de la raison.

On subit l'autorité qui s'impose par la force.

On recherche celle dont l'influence est produite par la sagesse, la bonté, le désir de faire le bien.

On la choisit par l'élection.

Car il ne faut pas confondre l'influence et la pression ; la pression fatigue ou irrite, l'influence peut être recherchée.

Que doit-être l'autorité ?

Respectable, ferme, paternelle.

Respectable : sa justice doit inspirer confiance.

S'il en est autrement, il ne faut pas trop s'en plaindre, c'est qu'on n'a pas été sérieux dans le choix de ses mandataires.

Elle doit être ferme pour faire respecter le bien et imposer la crainte aux gens malveillants ou cor-rompus.

Enfin elle doit être paternelle, car l'autorité réelle est destinée à protéger les faibles, à encou-rager le bien ; elle doit éviter l'orgueil, la rudesse et les caprices.

C'est donc à tort que certaines gens prétendent que pour diriger les Français, il faut un sabre ou un fouet.

Nous ne sommes pas des chiens pour avoir besoin d'un fouet. — Nous ne sommes pas des ennemis pour être menacés du sabre.

Je crois qu'il est mieux de dire que l'autorité doit avoir un cœur et un bras.

Un cœur pour aimer ceux qu'elle doit diriger ; un bras pour rappeler au respect ceux qui l'auraient oublié.

Nous ferons bien d'appliquer cette théorie dans notre famille.

Combien de citoyens veulent être respectés, parfaitement dirigés et oublient, en parlant à leur femme et à leurs enfants, les égards qu'ils exigent qu'on ait pour eux.

Respectons l'autorité.

Il en faut une pour notre bien, quoi qu'on en dise. — Soyons indulgents ; ne la voulons pas trop parfaite, en nous regardant, nous reconnaîtrons qu'il y a bien des choses à nous pardonner.

Surtout évitons la manie de « faire de l'autorité », c'est-à-dire de commander ou de nous faire obéir par vanité et sans nécessité. Evitons de faire des observations devant des tiers pour qu'on sache bien que nous sommes les maîtres.

Les employés, les domestiques, les enfants même ont moins d'estime pour ceux qui les réprimandent sans motif sérieux. Ce devrait être une peine que de blesser les gens.

Reconnaissons surtout que nous avons trop longtemps négligé, oublié ou méconnu l'autorité de Dieu.

La plus belle, la plus sûre, la plus digne autorité est celle que nous prenons sur nous-même : nous l'obtenons en maîtrisant nos passions, en nous dirigeant vers le bien, en nous rendant bons et aimables pour le prochain. Soyons respectueux et reconnaissants envers Dieu, de qui provient toute réelle et bienfaisante autorité.

SEIZIÈME CONFÉRENCE

La religion est bonne pour les femmes et les enfants.

Bonne pour les femmes! Pourquoi? parce qu'elles sont faibles et sentimentales! parce qu'elles ont besoin d'être pudiques?

Faibles! comment accepter cette réponse en considérant le nombre des hommes qu'on dit être conduits par leurs femmes.

Faibles! mais beaucoup sont plus fortes que leurs maris qui ne savent pas résister aux entraînements de leurs camarades les jours de paie, quoiqu'on manque de tout à la maison.

Sentimentales! Est-ce avec le sentiment seulement qu'elles supportent la fatigue des enfants et qu'elles donnent les soins maternels si multiples et si absorbants.

La religion rend la femme plus pudique et, plus soumise.

Mais si la religion rend la femme plus pudique, plus soumise est-ce si peu de chose, que la pudeur et la modestie, que cette soumission aux exigences de l'homme.

La pudeur la préserve d'un laisser-aller, d'une faiblesse qui pourrait avoir le déshonneur comme conséquence. Est-ce donc peu de chose que cela. Mais si la religion donne à la femme cette force, elle est donc une force ?

Si elle donne une force à la femme, elle ne pourrait donc pas en donner à l'homme ?

L'homme a donc toutes les vertus ?

Oui, la religion rend la femme plus pudique et la preuve c'est que celles qui n'ont plus de religion se vantent généralement de n'avoir plus de pudeur.

Ecoutez les conversations d'ateliers de femmes et vous verrez comment on y traite la Religion et en même temps comment on y plaisante les mœurs.

Il sera toujours vrai que l'homme qui n'est pas sévère pour la vertu en général veut être sûr de la vertu de sa femme et surtout de celle de sa fille, dont il fait son plus précieux honneur.

Mais il faut qu'on le sache, ce bien précieux se garde mieux par le respect de son Dieu, la pureté de sa conscience, que par des sévérités et des précautions qui n'empêchent pas de sérieux accidents.

Il faut aussi une religion à la femme pour supporter souvent les travers ou les injustices de son mari, pour fortifier sa fidélité, pour rester au foyer conjugal, même quand elle y est maltraitée ou que le mari ne se respecte plus et ne la respecte plus.

Il faut une religion pour les enfants.

Parce qu'elle les habitue à la soumission, au respect des parents et des supérieurs.

Ils ne sont pas si osés, si insolents et si frondeurs.

Mais savez-vous que c'est encore quelque chose qu'une religion qui forme des enfants respectueux et aimants, qui permette de lire dans l'âme de ses enfants.

Cependant, dites-vous, il ne faut pas que cela dépasse la jeunesse, 16 à 18 ans au plus, par exemple, parce qu'alors ce serait de la superstition et il ne seraient plus assez libres.

Alors, vous avez dû constater qu'à partir de 20 ans vos passions se sont modérées, votre respect de la vertu s'est augmenté.

Votre respect de vous-même, de l'honneur d'autrui, de la fille et de la femme du prochain s'est tellement fortifié que tout sentiment de religion est devenu inutile ?

Votre raison, dites-vous, s'est développée et suffit à vous faire connaître et accomplir vos devoirs ?

Donc notre raison suffit pour nous faire pratiquer toutes les vertus nécessaires, et la preuve alors, c'est que tous les hommes sont honnêtes, bons, généreux. — Nous n'avons donc plus aujourd'hui que des magistrats intègres ? — Des commerçants loyaux ? — Des médecins désintéressés ? — des ouvriers de conduite remarquable ?...

Vous pensez peut-être que je veux rire ? — Non, mais c'est la déduction que l'on doit tirer de la suffisance de la raison.

Il faut une religion pour les enfants.

Quelles sont donc les grandes fautes que peuvent faire les enfants ?

Voler quelques poires, une toupie, un canif, un bijou, une pièce de vingt francs. — Voulez-vous plus ? un billet de cent francs, voire même de mille francs pour faire un voyage à Paris ou au Hâvre.

Il faut une religion pour leur donner l'horreur de ces fautes, et il n'en faut pas pour ceux qui peuvent faire une faillite de 100 à 500.000 francs, qui peuvent calomnier, qui peuvent séduire la fille ou la femme de leurs amis, qui peuvent empoisonner ou assassiner ?... qui peuvent tromper un peuple et s'enrichir de sa misère.

Voyons, Messieurs, ce langage est-il sérieux ? est-il sincère ? ou hypocrite ?

Qu'il soit tenu par un ignorant qui le répète ou par un de ces hommes intelligents, que l'envie conduit au mensonge, trouvant le travail persévérant trop lent pour leur ambition, soit encore ; mais que des esprits éclairés et sincères le disent... non.

Il faut une religion pour tout être pensant, parce que tout être a des passions mauvaises et qu'il doit lutter contre elles, parce que, par notre nature déchue, nous sommes portés à nous laisser aller à nos faiblesses.

Ce n'est que par une force surnaturelle que nous

élevons notre esprit au-dessus des besoins de notre corps.

C'est enfin par la religion que nous — êtres créés — nous reconnaissons notre Créateur et lui demandons cette force surnaturelle qui nous fait agir, d'après notre conscience, en méprisant les résultats heureux, mais malhonnêtes.

C'est par la religion que nous pouvons dominer les instincts qui nous porteraient à rire de la vertu et de ceux qui la pratiquent.

C'est par elle que notre cœur, ennobli par le sentiment du beau, du bien et de la charité, s'élève vers Dieu pour l'aimer maintenant et toujours dans l'Eternité.

Elle serait surtout bonne la religion pour ceux qui semblent le plus la dédaigner, pour ces gens bien gantés, bien cravatés, qui comblés par la Providence des dons intellectuels, se croient affranchis du devoir de la reconnaissance. — Le simple bon sens devrait déjà leur dire, par la considération des misères qui les entourent, qu'ils sont tenus, plus que quiconque, à donner l'exemple de la plus grande gratitude envers le Créateur qui les a tant favorisés.

DIX-SEPTIÈME CONFÉRENCE

De la Patrie.

A l'époque de la conquête des Flandres par les Espagnols, un sonneur de Bruges, menacé de mort s'il donnait un signal à ses compatriotes, se jeta sur la cloche d'alarme et tomba percé de coups, après avoir rendu un dernier service à sa patrie.

Dans l'opéra qui représente ce fait d'armes, le héros est apporté sur la scène par ceux qu'il a sauvés, et l'un d'eux, se détachant du groupe, salue sa mort par ces vers :

> Pauvre martyr obscur, humble héros d'une heure,
>   Je te salue et je te pleure !
> La légende apprendra ton nom à nos enfants !
> Ils garderont toujours ta mémoire bénie.
> Tu revivras, ô toi qui nous donnas la vie,
> Parmi les plus vaillants et les plus triomphants !
> Tu revivras, ô toi qui nous donnas ta vie !   *Louis Gallet)*

Ce n'est pas de tomber dans la lutte acharnée
  Qui fait grande une destinée ;
C'est de rester fidèle au devoir accepté,
C'est d'accomplir dans l'ombre un noble sacrifice,
D'aller au but certain, sans que l'âme faiblisse,
Et de n'attendre rien de la postérité.
C'est d'accomplir dans l'ombre un noble sacrifice.

En entendant ces jolis vers, notre cœur s'échauffe ; un sentiment généreux nous empoigne et quelque modeste que soit le héros de cette scène, nous envions son sort ; admirant le patriote, d'autant plus grand qu'il est plus désintéressé.

Et cependant quelques hommes se permettent de douter de la Patrie.

Y a-t-il une Patrie ?

Voilà une question étrange... Mais aujourd'hui qu'on doute de tout, de Dieu, de l'âme, d'une autre vie, pour paraître très fort il n'est pas extraordinaire que l'on doute de la nécessité d'une patrie.

Y a-t-il donc une Patrie ?

Notre raison nous le dit : les races qui peuplent

la terre ont des besoins et des tempéraments tellement différents que des groupements spéciaux, qu'on nomme patries, leur sont nécessaires.

L'histoire même nous montre que les nations devenues trop grandes ou trop étendues, se sont divisées violemment. Le cœur nous dit que nous devons avoir une patrie à aimer et à défendre, même jusqu'au péril de notre vie.

Ce sentiment se comprend plus réellement quand, éloigné pendant quelques années de la terre natale, nous rencontrons des compatriotes sur une terre étrangère.

Nous sentons alors nos sentiments grandir pour cette terre vers laquelle nous portent notre cœur et notre imagination : Nous aimons à parler ensemble de la patrie, de ses gloires et même de ses revers.

Quelques idéologues prétendent qu'avec les progrès de la civilisation et de la science, les hommes arriveront à s'entendre pour ne plus avoir qu'une seule et même patrie : la terre.

Il est sage de vivre intelligemment avec l'état de choses de son temps, en préparant pour les siècles futurs ce qui pourrait être meilleur.

Les Normands, les Bretons, les Bourguignons, les Provençaux et les autres n'ont pas toujours été Français, c'est vrai : des événements, des intérêts divers les ont rapprochés, mais ce qui peut être utile, avantageux, pour un groupement plus grand ne va pas jusqu'au groupement de la terre entière. En tous les cas, laissons quelques siècles se passer avant de prophétiser.

Il est toujours vrai que, quoique les Bretons, les Provençaux aiment la France et soient disposés à verser leur sang pour elle, l'amour de la patrie spéciale, le souvenir du clocher fera toujours que le Marseillais préférera le Marseillais au Breton.

Il est aussi à remarquer que les mêmes, qui préconisent la patrie unique, trouvent de bonnes raisons pour se réclamer de la patrie française quand leurs intérêts sont menacés.

Industriels, ils veulent des droits protecteurs pour leurs produits si la concurrence étrangère doit les atteindre ; — ouvriers terrassiers, ils exigent que les Piémontais ne puissent participer aux travaux de l'État ; — ébénistes, ils veulent l'exclusion des Allemands. — Les Américains ne veulent plus des travailleurs Chinois dans la libre Amérique.

Qu'est-ce que la Patrie ?

C'est la terre où l'on est né, mais surtout la réunion d'êtres qui ont les mêmes aspirations, les mêmes souvenirs de gloire ou de revers, une même manière de comprendre la liberté, un même besoin de se protéger ; en un mot, la patrie, c'est la famille agrandie.

Mais, de ce que nous croyons à la nécessité d'une patrie, au bienfait d'une patrie, nous ne pensons pas qu'il soit utile de se faire la guerre entre patries, de s'insulter ou de se haïr entre peuples.

Non, ce n'est pas ainsi que nous concevons la Patrie. — Nous la comprenons comme la famille, mais la famille agrandie.

Ce qui fait le bonheur d'une famille, c'est l'amour qui en lie tous les membres ; ce sont les concessions réciproques que l'on s'y fait ; c'est le dévouement de chacun pour le bien de tous.

C'est par les mêmes moyens qu'on peut faire une grande et noble patrie.

Combien de jeunes gens disent qu'ils aiment leur famille quand il s'agit de quereller le voisin, de se battre même avec lui sous prétexte qu'il a mal regardé leur mère ou leur sœur !

Mais si l'on dit à ces mêmes jeunes gens : apportez votre paye intacte à la maison ; rentrez à l'heure, soyez sobres, ayez du respect pour celle qui vous a donné le jour, alors ils ne sont plus les mêmes. Ils voulaient bien se quereller, se battre pour leur famille, mais ils ne veulent pas consentir à se gêner, à réprimer même l'inconduite pour lui donner la tranquillité.

Combien de patriotes aiment leur patrie de cette manière ! S'il s'agit d'insulter une nation étrangère, ils sont là ; s'il s'agit de se battre, ils disent qu'ils sont prêts. S'il faut mettre de grandes guêtres, prendre un fusil, sonner du clairon toute une journée, tout va bien. — Mais si on leur dit : « étudiez la langue des étrangers pour les empêcher de prendre nos meilleures situations : l'homme qui sait plus est supérieur à celui qui sait moins. — Si l'on dit : « soyez sobres, réglés de mœurs, travailleurs réfléchis et persévérants, augmentez vos vertus civiques, afin d'être de vrais patriotes. — Alors ils ne comprennent pas ce patriotisme, — ils se fâchent.

Oui, rien n'est plus beau que d'être disposé à donner son sang pour la patrie ; c'est le suprême sacrifice. Mais on ne se bat pas tous les jours, et tous les jours on peut acquérir les connaissances qui doivent nous permettre de nous débarrasser des étrangers, qui viennent prendre nos places et notre industrie.

Tous les jours on peut acquérir les vertus civiques des peuples qui préfèrent le mérite à la vantardise, et, sans bruit, imposent le respect.

On sert sa patrie, comme on sert sa famille, en étant disposé à lui donner beaucoup et à lui demander peu, en se respectant, en inspirant à l'étranger : la confiance pour la sûreté de ses rapports, l'admiration pour la loyauté et la générosité de son caractère, et les grâces d'une bonne éducation, en un mot en inspirant un tel sentiment d'estime pour notre nation qu'on fait désirer l'avantage de son alliance.

Nous avons souvent le tort de demander aux étrangers s'ils ne seraient pas heureux d'être de notre nationalité.

C'est une question qui les froisse et peut nous faire juger défavorablement. En effet, chacun aime sa mère comme il l'a connue. — Tel fils de paysanne veut sa mère paysanne, et, s'il a du cœur, il ne la changerait pas pour la plus riche et la mieux entourée.

De même, chacun doit aimer sa patrie, que les frontières en soient restreintes ou étendues, et l'aimer d'autant plus qu'elle est plus éprouvée.

En Afrique, dans la plaine de la Mitidja, le sergent Blandan et 15 fantassins furent désignés pour escorter un brigadier et ses deux cavaliers chargés de la poste.

A un certain point de la route, le brigadier, vieux chasseur d'Afrique, aperçoit un gros de 300 Arabes en embuscade ; — il donne l'alerte.

Il n'y avait plus ni à avancer ni à reculer.

Blandan dit au brigadier : — « Vos chevaux sont-ils bons?... Prenez le large. »

Le vieil Africain se prit à rire : — « Quand il y a du danger ça se partage : nous restons. »

Au même moment, les 300 Arabes entouraient le petit peloton.

— « Rendez-vous ! cria leur chef en langue franque. »

— « Allons donc ! répliqua le sergent Français, qui avait formé sa petite troupe en carré.

Durant une demi-heure, ces dix-neuf hommes se battirent comme des lions : Blandan commandait toujours : « Serrez vos rangs et tirez juste », quand il voyait l'un des siens tomber. — Instinctivement les blessés passaient leurs cartouchières aux combattants.

Enfin, avertis par la fusillade, les camps de Mired et d'Erlon envoyèrent du secours.

Blandan, percé de 3 balles, était tombé ; cinq hommes seulement restaient debout. Les Arabes avaient pris la fuite.

Blandan expira le jour suivant, ayant, avec ses dix-huit hommes, autrement honoré leur pays par leur virilité, leur courage et leur dévouement jusqu'à la mort, que nombre d'écrivains qui, malgré leur talent, n'enseignent que la mollesse, l'égoïsme et l'oubli de ce qui fait l'honneur d'un peuple.

J'ai cité un fait, entre mille, de ceux qui honorent chaque village de notre terre d'Afrique : il éveille plus, à lui seul, le sentiment de l'amour de la patrie que les discours des idéologues ne peuvent l'affaiblir.

Certaines gens disent : Comment voulez-vous qu'il y ait une patrie ? l'Alsace, qui aime la France,

doit aujourd'hui aimer la Prusse. Où sont nos intérêts, là se trouve notre patrie.

Pour s'assimiler cette province, les Allemands
sont obligés de la peupler de fonctionnaires Ger-
mains et de léser les intérêts des véritables Alsa-
ciens pour leur faire quitter le pays et les remplacer
par leurs propres sujets.

L'Alsace est séparée de la France, mais elle
reste et restera toujours attachée à la France. En
fille mal mariée, elle doit subir la situation qui lui
est faite ; elle souffre de son exil et attend le jour
où elle sera délivrée de son oppresseur.

Mais prenons garde que notre irréligion officielle
ne la détache de nous pour jamais. Cette province
chrétienne n'a-t-elle pas la douleur de voir que ses
conquérants respectent plus sa foi que ceux qu'elle
aime encore.

DIX-HUITIÈME CONFÉRENCE

Des perroquets.

Depuis 20 ans surtout on a beaucoup fait l'éducation du perroquet. Il y en a aujourd'hui de toutes sortes.

Perroquets verts, perroquets jaunes, perroquets huppés, panachés : tout le monde demande des perroquets !

Vous semblez surpris de mon énumération, vous ne trouvez probablement pas qu'il y ait plus de perroquets sur leurs bâtons que jadis : il est vrai que j'ai omis de vous dire que je ne faisais aucune allusion aux perroquets qui parlent, mais à ceux qui font parler ! ! ! c'est-à-dire à ceux que l'on appelle apéritifs sous les divers noms de verte, de gommée, de panachée !

Ce n'est donc plus de la grossière ivrognerie qu'il faut s'entretenir ; elle porte avec elle une flétrissure si humiliante qu'un homme qui se respecte un peu l'a en horreur. Mais il est utile d'appeler plus particulièrement l'attention sur la fâcheuse habitude des apéritifs. C'est de cette habitude que provient un autre genre d'ivrognerie lente, moins turbulente au début, mais plus pénétrante, qui est l'alcoolisme.

Le nombre des hommes qui deviennent insensiblement des buveurs, sans l'avoir prévu, est incalculable.

Ce qui est à remarquer, c'est que les gens qui, aujourd'hui, prennent le plus d'apéritifs, sont presque toujours ceux qui peuvent prendre le moins de nourriture. Il est surprenant qu'on veuille s'exciter l'appétit quand on peut à peine le satisfaire. Que dis-je, on arrive même à se priver du nécessaire pour assouvir la passion de l'apéritif, qui n'est autre que la satisfaction de la gourmandise fatale, sous une forme nouvelle. Car si on peut se tromper sur l'application du vin comme principe nutritif, il ne peut en être ainsi pour ces poisons sucrés, qui ne peuvent qu'être défavorables à l'organisme et lui sont presque toujours nuisibles.

Pourquoi faut-il que nombre de parents, ayant contracté cette faiblesse, n'ayant pas la force de s'en corriger, semblent se complaire à se voir imiter par leurs enfants !

Pourquoi faut-il surtout que les femmes de mérite, les futures épouses, n'osent montrer à leurs frères, à ceux qui les approchent, un profond mépris pour ceux qui contractent ces habitudes.

Si, sans bruit, sans exagération, ces nobles créatures savaient se liguer pour montrer leur dédain aux jeunes gens, qui ne savent pas vaincre leur gourmandise, elles s'épargneraient, dans l'avenir, bien des déconvenues et des humiliations.

Mais, au contraire, sous le nom de « Petit canard » les dames comme il faut ne donnent-elles pas le satisfecit, quand on ne va pas jusqu'à habituer les petits enfants à leur « Petit canard » de café et de liqueur.

On appelle rabâcheurs les gens qui font ces remarques ; plus tard les enfants chéris de ces *parents-gâteaux* s'appellent des « ahuris ».

On oublie trop aujourd'hui qu'il y a des habitudes et des choses dont il faut toujours inspirer le dégoût, car l'usage en peut devenir si agréable qu'il devient facilement un abus.

On parle trop facilement de la raison, de la volonté, de la force de l'homme, quoique, à chaque instant, on constate combien d'hommes manquent de raison, de volonté et de force.

Ne voit-on pas journellement des gens se dire fiers de leur liberté, que nous connaissons les esclaves de leurs propres faiblesses.

Pour l'un, c'est la passion de l'indépendance qui lui fait perdre toutes ses places ; sans être paresseux, il devient à charge aux autres. Chez l'autre, la galanterie ruine son avenir ou son intérieur.

Celui-là est aujourd'hui le dompté de la liqueur verte et tellement dompté qu'on ne lui connaît plus qu'il ne se connaît plus de force morale : il reste plus intelligent que l'animal, mais il n'en a plus les vrais instincts naturels !

En somme cet homme, qui se dit libre, pourrait, s'il était franc, reconnaître qu'il n'est que le sujet docile de sa passion.

Combien voit-on de ces hommes, maudissant le propriétaire, le boulanger, le charbonnier ; tous ceux qui leur ont accordé confiance, n'avoir jamais une parole de colère contre les débitants d'alcool qui leur ont pris le plus beau de leur gain.

Combien en voit-on trouver naturel de dépenser en absinthe, en abus de tabac, l'argent nécessaire aux besoins urgents de leurs femmes et de leurs enfants !

Aussi combien entend-on d'habitués de comptoirs trouver que la société est mal organisée ! combien de niais pour le répéter !!!

C'est la caractéristique de ce siècle de vouloir trouver, dans les autres, dans notre organisation sociale, la cause de nos souffrances.

Ces messieurs devraient comprendre qu'avec une société composée de citoyens comme eux, aussi gourmands qu'eux, aussi paresseux qu'eux et révoltés comme eux, on ne serait pas loin d'un paganisme animal et brutal, qui les redresserait durement quand ils auraient par trop lassé leur entourage.

Ces messieurs devraient surtout comprendre que le seul moyen de refaire une société, c'est de se réformer soi-même et d'aider ceux qui, par leurs vertus, contribuent à lui donner un exemple salutaire.

En fait d'apéritifs, les seuls vrais sont le travail, l'exercice, l'activité, la sobriété ; mais ces apéritifs sont des vertus.

Il serait donc avantageux, à tous les points de vue, de ne plus ridiculiser les personnes qui observent les lois de l'abstinence. Au point de vue du bon sens seulement, elles acquièrent une grande force sur elles-mêmes ; elles habituent leur goût, leurs appétits à se soumettre à leur esprit : plus on se commande, plus on trouve facile de diriger ses passions et plus on sent s'augmenter son énergie et sa volonté.

Mais de soi-même, on arrive difficilement à ce résultat ; il est trop naturel de se laisser aller à ses instincts. C'est par la force surnaturelle que l'on reçoit de Dieu, que, sans bruit, sans ostentation, on domine ses instincts inférieurs et l'on s'élève avec modestie, fermeté et dignité à être un bon citoyen et surtout un bon chrétien.

DIX-NEUVIÈME CONFÉRENCE

La Liberté.

Je me trouvais un jour sur un des bateaux mouches qui agrémentent la Seine, en compagnie de trois jeunes gens : l'un Parisien, l'autre Suisse, du pays familier de la liberté ; le troisième Savoisien, presque Suisse.

L'air de bonne compagnie, de belle humeur de ces jeunes gens, avait disposé en leur faveur leur entourage qui suivait leur conversation avec une certaine complaisance.

Le Savoisien, très intelligent, avait des idées assez avancées pour son âge, fréquemment il exprimait son amour de la liberté.

— « Mon cher ami, lui dis-je, pourriez-vous me donner une définition exacte de la liberté que vous semblez chérir ».

— « Ah ! Monsieur, que me demandez-vous ?

— « Tout le monde sait ce que c'est que la liberté et cela se sent mieux qu'on ne le définit. »

Ce que l'on conçoit bien s'énonce clairement
Et les mots pour le dire arrivent aisément

dit Boileau.

— « *Dites-nous donc ce que c'est que la Liberté ?*

— « Eh bien, puisque vous le voulez » :

— « La liberté c'est le droit qu'a chaque homme de faire ce qu'il veut tant qu'il ne nuit pas à autrui. »

— « Bien, lui dis-je, examinons :

— « Je me lève un dimanche à 7 heures ; il fait beau : je chante gaiment.

Autrui de droite, qui est un bon garçon, me dit : « Vous êtes de bonne humeur voisin, vous commencez bien la semaine. »

Autrui de gauche, qui rentre à une heure du matin et frappe les portes, me crie : « En avez-vous encore pour longtemps à brailler ? »

Le même acte a plu à l'un, a nui à l'autre. »

« Je prononce un discours, dans une réunion publique, presque tous les assistants m'approuvent mais une vingtaine réclament et me disent que je suis un arriéré.

Le même discours a plu à certains, il en a irrité d'autres.

« Je pourrais multiplier les exemples et vous montrer qu'il n'est pas, pour ainsi dire, d'acte qui ne nuise ou ne déplaise à autrui.

« Cette définition de la liberté ne peut être la « vraie ; n'en avez-vous pas une meilleure ?

— « Alors, me répond sagement le jeune homme, en voici une plus sérieuse.

« La liberté est la somme des moyens ou facteurs qui nous sont nécessaires pour remplir notre devoir. »

Cette définition semble complète parce que, en même temps qu'elle parle de liberté, elle indique un devoir.

Ainsi exposée, elle n'est plus, comme on le croit souvent, le droit de résister : l'indépendance ; mais la somme des moyens nécessaires pour remplir notre devoir.

Si la liberté était le droit de résister, elle donnerait à chacun le même droit ; elle ne serait pas ainsi le moyen d'arriver à mieux, mais, au contraire à un petit état de guerre qui éloignerait de la fraternité.

La liberté est-elle un droit ?

Et d'abord, ne confondons pas la liberté morale avec la liberté politique.

La liberté politique nous donne des droits, depuis que le peuple a conquis le pouvoir de se faire représenter par des mandataires.

Ceux-ci devant l'engager par des lois qu'il sera obligé d'observer, il est juste qu'ils s'appliquent à représenter les idées de ceux qui les ont députés.

Ces idées sont nos droits politiques.

Mais il n'en est pas de même pour la liberté morale, qui nous met en face de nos devoirs envers la société laquelle, par l'accomplissement de ces devoirs, nous reconnaît des droits.

Ce sont ces droits qui, mal compris ou mal observés, produisent cette lutte continuelle entre les différentes classes de la société.

La philosophie définit la liberté par cette formule : La faculté de choisir, de se déterminer. Elle ne dit pas le droit, mais la faculté de choisir.

Tout d'abord, cette définition paraît vague, insuffisante. Cependant c'est absolument ce qui se pratique dans l'ordre habituel de la vie. Ainsi le prouverons-nous par des exemples de tous les jours.

Chacun de nous a la faculté d'injurier ou de frapper son semblable, mais, comme il n'en a pas le droit, il pourra s'en repentir ou être conduit au poste.

Chacun a la faculté ou la liberté de ne pas payer son terme ; mais comme on n'a pas le droit de s'exonérer de cette obligation, on sera évincé de son domicile.

Chacun a la faculté ou la liberté de ne pas payer son restaurateur, mais comme on n'a pas le droit de se faire nourrir gratuitement, on pourra être appelé à pratiquer le jeûne involontaire.

Ces exemples doivent bien nous faire apprécier la différence qu'il y a entre la faculté ou la liberté de faire un acte et le droit qu'on a ou qu'on n'a pas de faire cet acte. Cependant combien d'hommes s'y trompent ?

La liberté n'est donc pas ce que l'on croit souvent : Le droit de résister, le droit de faire le mal.

Mais la faculté de choisir entre le bien et le mal sans avoir, comme l'ont montré les exemples précédents, le droit de faire le mal.

D'où il s'ensuit :

Que l'homme le plus libre est celui qui, avec discernement, sait le mieux diriger et, au besoin, commander à sa liberté.

Que le peuple le plus libre est celui qui a acquis le plus de vertus civiques.

Que l'esprit, chez l'homme, est d'autant plus libre qu'il a plus dominé son corps, car ayant moins de besoins, il sera plus facilement maître de lui.

Vous connaissez l'exemple de cet homme, qui prétend, d'une voix rude, qu'il est libre — qu'il veut boire — au dixième verre, il s'affaisse. Le vin a prix ses droits, la liberté de l'homme a été vaincue par sa passion.

La liberté, pour être une force, doit être sagement et sévèrement dirigée.

Prenez une chaudière, remplissez-la d'eau : mettez-la sur un foyer, faites chauffer jusqu'à ébullition : vous verrez l'eau se changer en vapeur ; la vapeur s'élever et se perdre ou retomber en gouttelettes.

Couvrez ce récipient, comprimez la vapeur ; dirigez-la, par un tube ; elle animera une machine : elle sera devenue une force.

Donnez le mouvement à une locomotive : laissez-la libre sur un terrain : bientôt elle ira se briser contre un obstacle ou se jeter dans un fossé. Mais mettez-la sur des rails, soumettez-la à une direction, elle sera vraiment une force et rendra les plus grands services.

Ces deux exemples, entre mille, suffisent pour montrer ce que la liberté doit être pour être une force et combien cette force pourrait être désastreuse si elle était mal réglée.

Concluons-en que l'homme le plus libre est celui qui, intelligemment et volontairement sait le mieux maîtriser et diriger sa liberté.

Par déduction reconnaissons aussi que l'homme le plus libre, est celui qui sait le mieux se diriger suivant la loi de son Dieu pour en recevoir les enseignements et en faire l'application.

Cet homme tirera, de cette cause suprême, la force de maîtriser ses passions, de faire le bien et bénéficiera de la bénédiction que Dieu accorde à ceux qui pratiquent sa loi.

VINGTIÈME CONFÉRENCE

De la Fraternité.

> Aidons-nous mutuellement,
> La charge des malheurs en sera plus légère ;
> Le bien que l'on fait à son frère,
> Pour le mal que l'on souffre, est un soulagement.
>
> (FLORIAN).

Il n'est pas possible de peindre plus heureusement la fraternité, la partie la plus belle de la devise qui est gravée sur tous nos monuments.

C'est en 1789 que, pour la première fois, l'apparition publique et solennelle de cette trilogie fut solennellement annoncée. C'est à cette époque que des hommes, mus par un sentiment généreux, décrétèrent que l'on ne vivrait plus que sous le régime de liberté, d'égalité et de fraternité. Mais toute idée, belle en théorie, n'est pas, pour cela, d'une application facile.

Aussi peut-on constater qu'on inscrivait partout cette devise dans le même temps que fonctionnait la guillotine.

Il y a, à toute époque, des exaltés qui compromettent les meilleures causes. Beaucoup d'hommes de ce temps pensaient que supprimer les citoyens dissidents, c'était la meilleure méthode d'établir une parfaite communauté d'opinion.

La raison très fâcheuse de cette manière de faire est d'abord de compter la mort de son semblable comme un bien, ce qui n'est pas très éloigné du raisonnement de Caïn à l'endroit de son frère Abel.

De plus, il faut réfléchir que, si un changement de gouvernement arrivait et que le chef de ce gouvernement usât du même moyen que le précédent, le nombre des citoyens finirait facilement par être trop réduit.

Les malheurs résultant des réformes, appliquées à contre sens de leur esprit primitif, amenèrent fatalement un changement de gouvernement, qui eut ses gloires et ses revers ; il fut remplacé lui-même — enfin nous arrivons à la Révolution de 1848, qui nous redonna la LIBERTÉ, l'ÉGALITÉ et la FRATERNITÉ.

On était déjà plus préparé au régime populaire ; aussi cette révolution fut-elle presque une fête, qui coûta toutefois la vie à bien des victimes du devoir ; elle eut un triste lendemain dans l s journées de Juin 1848. Beaucoup de sang fut encore répandu dans une guerre civile que termina la mort de Mgr AFFRE, archevêque de Paris, tombant sur les barricades du faubourg Saint-Antoine en disant : « Que mon sang soit le dernier versé. »

Cette époque de 1848 eut une certaine application de la Fraternité, par le développement des lois d'association que le gouvernement favorisa de tout son pouvoir. L'idée était belle et généreuse en soi, mais comme tout ce qui est beau, difficile à réaliser. Il y eut des associations de tous les corps de bâtiment, des associations de tailleurs, même de cuisiniers.

Le mariage est la plus sérieuse association de deux êtres qui doivent tendre à un but commun pour leur propre bonheur. Mais, dans l'application, on voit beaucoup de ménages dont les associés s'entendent difficilement et qui se subissent plus qu'ils ne s'aiment.

Il est probable que les associés des corps d'état mirent moins de persistance à se faire des concessions ou à se subir qu'ils ne l'avaient cru possible ; ce qui est vrai c'est que quatre sociétés seulement subsistent aujourd'hui. Mais il faut dire que chacune de ces sociétés était très sévère dans le choix de ses membres. Elles avaient recherché, pour le travail, ce que chacun de nous désire trouver, quand on s'associe pour jouer, — prendre celui avec qui on est sûr de gagner.

En général nous acceptons pour l'État ce dont nous ne voudrions pas pour notre propre boutique. Faut-il s'étonner que la politique nous donne de sérieuses déceptions ?

Mais, en même temps que l'esprit d'association, s'était développé l'esprit de socialisme, — la masse le confondait avec le partage avec plus riche que soi ou l'égalité avec les mieux placés. On n'était pas encore prêt pour l'application des belles idées de FRATERNITÉ.

Aussi lassa-t-on les travailleurs sérieux, commerçants et ouvriers, et un coup d'État put-il se faire qui nous amena le Prince-Président, — puis l'Empire. — Napoléon III eut, comme son oncle, ses beaux jours et ses revers et prépara, à son insu, la République de 1870. Pour la troisième fois on resculpta : LIBERTÉ, ÉGALITÉ, FRATERNITÉ.

L'expérience avait été faite et quoique, au début, nous n'ayons pas été d'accord pendant la Commune, nous pouvons, après 30 ans de pratique nouvelle, faire le bilan de la fraternité à l'heure actuelle.

Eh bien, mettant en dehors tout esprit de parti, toute forme de gouvernement, que trouvons-nous aujourd'hui comme fraternité?

Dans la rue, un compagnon zingueur, un gazier, un maçon traîne-t-il une charrette, s'il peut empêcher de passer un fiacre, un omnibus, il se met en travers du chemin et les deux travailleurs s'invectivent d'expressions qu'on n'emploie que pour les bêtes des champs.

Dans l'armée, un jeune soldat arrive-t-il au régiment, les anciens cherchent à le molester sous forme de brimades ; il n'est pas reçu en frère mais en « Bleu ». — A l'atelier, l'apprenti, le fils du frère de travail, dès qu'il arrive est bientôt malmené ; on plaisante son catéchisme, le Frère qui l'a élevé ; on lui apprend tout de suite à jurer, souvent à boire, oubliant que c'est l'enfant d'un camarade qu'on devrait protéger.

La fille du peuple, qui doit gagner son pain, au milieu des compagnons de son père, est poursuivie de lazzi qui la font rougir : on est même heureux de plaisanter le jour où un jeune ouvrier a pu lui faire franchir le pas qui la sépare du chemin de l'honneur.

Est-ce la fille d'un noble, d'un financier ou d'un exploiteur ? — Non, c'est la fille d'un frère ; — la perte de son honneur, c'est une partie de l'honneur du peuple qui tombe : voilà l'oubli de la vraie, de la noble Fraternité !!! N'est-on donc frères que les jours d'émeute ?

Et cependant tout ce monde est-il mauvais ? Ce désir de Fraternité est-il donc faux ? — Non. Qu'y a-t-il donc alors ?

Des hommes qui se sont trompés, qui ont voulu tirer d'eux-mêmes, de leur imperfection, quelquefois de leur orgueil, ce que l'on ne peut obtenir que d'un principe divin.

L'homme ne peut décréter la Fraternité, parce que la Fraternité est une fille de la Charité, et que la Charité est fille de DIEU !!!

Les Romains, les Grecs, malgré leur sagesse, n'ont jamais connu la Fraternité. Les castes étaient alors tellement délimitées qu'elle étaient séparées par des abîmes infranchissables. Cicéron lui-même, le grand orateur, le grand philosophe, n'a pas craint d'affirmer que l'esclave n'était pas de la même nature que l'homme libre.

Qu'on le veuille ou non, pour pratiquer la Fraternité, il faut remonter à Celui qui nous l'a apportée sur cette terre, au CHRIST qui a souffert, pour l'implanter dans nos cœurs, la contradiction et le supplice de la Croix.

De nous-mêmes, nous ne savons appliquer que les sept vices capitaux : — Le CHRIST seul nous a appris ce que c'est que la modestie et la charité : la noblesse de savoir se donner, qu'il a résumée dans cette parole : « Le premier d'entre vous est le serviteur de tous ».

Qui, avant Lui, avait parlé ainsi ? Et pour cela, les grands de son temps l'ont fait passer pour fou.

C'est de cette folie qu'est né le dévouement, l'amour de son semblable, le respect de ce qui est pur, la protection des faibles, l'accueil des délaissés.

C'est pour détourner l'esprit du peuple de la Charité, créée par Dieu, que l'orgueil a créé la Fraternité, la solidarité humaine, dont les résultats n'ont produit que l'administration et l'Assistance publique.

On ne joue pas avec Dieu : pour nous punir, il n'a qu'à nous laisser agir et attendre ; nous arrivons fatalement à des résultats humains et la colère, l'égoïsme, la haine sont les seuls fruits que nous sachions récolter ; car de nous-mêmes nous n'avons pour nous servir que les sept péchés capitaux.

Allons, il est plus doux d'aimer que de haïr ; il est plus juste de se rappeler que la vraie Fraternité ne provient que de la Charité et que la Charité est fille de Dieu.

VINGT ET UNIÈME CONFÉRENCE

Le Dimanche.

1° L'homme a besoin du repos dominical.

Il y a quelques années, les délégués des puissances, réunis en congrès, ont proclamé la nécessité d'un jour de repos par semaine. Mais elles n'ont pas eu la force de déterminer ce jour, dans la crainte de reconnaître le repos dominical.

En sorte que, si le jour de repos est fixé, pour le mari au lundi, pour la femme au mardi, celui de la fille au mercredi, pour le fils au jeudi, la famille ne sera jamais réunie.

La campagne et la bicyclette ont beaucoup fait pour le repos du dimanche ; mais elles ne l'ont fait que dans un but d'agrément et non de moralisation ; aussi ne s'améliore-t-on pas par ce repos.

Pourquoi ne veut-on pas admettre le repos du

dimanche? Comprendrait-on que les militaires ne fissent les manœuvres qu'à l'époque qu'il leur plairait?

En Angleterre non seulement on a le septième jour, mais on finit de travailler le samedi, à 2 h. En Amérique, en Suisse, en Norwège, on respecte le septième jour. Ces pays ont-ils perdu leur prospérité?

Le Louvre, le Bon Marché, le Printemps ferment le dimanche; en font-ils de moins bonnes affaires?

Notre nation, si intelligente et si travailleuse, a seule proscrit ce repos officiellement; notre nation fait et défait ses lois et n'arrive qu'à augmenter sa dette.

Le progrès matériel, mécanique, s'y développe; le progrès des mœurs, de la prospérité, de la grandeur diminue.

On ne joue pas avec Dieu; il peut attendre; mais l'homme doit expier sa révolte et son orgueil.

L'ouvrier souffre plus que jamais, quoiqu'il crie bien fort son indépendance. Notre système révolutionnaire a confondu l'émancipation de l'homme envers l'homme avec sa révolte contre Dieu.

2° *On se plaint que les mécaniques suppriment l'ouvrage.*

Votre femme, d'après ce système, doit-elle supprimer sa machine à coudre?... non ; car la voisine ferait les chemises à 10 sous tandis que votre femme n'arriverait à les faire qu'à 20 sous :

Mais il ne faut pas voir que la France, où l'on pourrait encore s'entendre ; il faut considérer que la Belgique viendrait, par ses machines, nous fournir les chemises, les pantalons, les robes, à meilleur marché, et alors vous ne pourriez plus travailler.

C'est le travail du dimanche — et non les mécaniques — qui supprime l'ouvrage ; c'est lui qui prend le 1/6 de l'ouvrage, et c'est lui, tout d'abord, qu'il faut supprimer.

Si nous étions raisonnables, les mécaniques devraient servir à nous donner plus de repos et à supprimer le travail de nuit ; en un mot à travailler moins.

Il existe des syndicats qui veillent à empêcher certains industriels de faire faire des heures supplémentaires, parce que cela fait tort aux ouvriers sans ouvrage. Je connais deux jeunes industriels qui ont été condamnés pour ce fait.

Ces syndicats devraient bien attaquer les villes et l'Etat quand ils font travailler le dimanche, puisqu'ils diminuent le travail pour les inoccupés.

Comment se fait-il que ces syndicats soient muets devant ce désordre ?

La liberté de travailler quand on le veut doit être respectée : Est-elle respectée pour l'ouvrier que les meneurs font travailler le dimanche, et se reposer un jour de semaine ? Est-elle respectée pour le cocher, le camionneur, l'employé de chemin de fer ou de magasin de détail ?

Il est libre de refuser, oui, — mais qui le nourrira. Pourra-t-il, à lui seul, détruire une habitude devenue sociale ? Et fera-t-il ce qu'ont pu faire les employés du Louvre, ou du Bon Marché et du Printemps ?

L'ouvrier a été trompé : il n'a pas vu que cette liberté le conduisait à la chaîne : Sous prétexte que, mangeant 7 jours, il pouvait travailler 7 jours, on l'a amené à travailler un jour de plus pour être nourri, tandis qu'en Angleterre, en Suisse, en Amérique, en Norwège, où l'on vit bien, on ne travaille que 6 jours. Il n'a pas vu que les révolutionnaires voulaient surtout lui faire déserter le temple pour qu'il n'entendît plus parler de Dieu et de sa morale.

La révolte contre Dieu n'a donc procuré à l'ouvrier, en fait de liberté, qu'un jour de travail de plus :

3° L'ouvrier n'est pas une machine à travail.

L'Eglise le lui rappelle, quand elle dit à n'importe quel homme riche ou pauvre : « L'homme a été créé pour connaître Dieu, l'aimer, le servir et, par ce moyen, obtenir la vie éternelle ».

L'ouvrier a droit à se reposer le dimanche, à connaître et à aimer sa famille, — à vivre avec elle, ce jour-là, comme celui qui l'emploie. Refusera-t-on à l'ouvrier ce que la compagnie des omnibus accorde à ses chevaux : un jour de repos sur cinq ?

L'ouvrier a droit à cultiver son esprit, à éclairer et à soigner son âme, comme celui que Dieu lui a donné pour chef, jusqu'à l'heure où il les rappellera tous deux à lui.

Quelle différence on peut voir entre deux familles dont l'une méprise le repos du dimanche, et dont l'autre l'observe respectueusement.

Dans la première, le mari part, le matin, au travail, et ne sait quand il rentrera. Il déjeune avec les camarades, boit un verre ou deux de plus. puisqu'il fait du travail en plus. Le gain fait lui appartient — il en dépense souvent la plus grande partie. S'il est célibataire, souvent il ne se change pas et reste malpropre ; vous le rencontrez ainsi, traînant sur les boulevards extérieurs, même sur les 4 heures : le cabaret le reçoit toujours bien, pourvu qu'il paie.

S'il est marié, il rentre vers 3 heures, sortant de chez le barbier, qui lui a fait son prône avec les cancans du jour — à lui qui refuse d'entendre celui de son curé. Puis il se nettoie, s'habille, et c'est à 4 heures seulement que la famille va sortir pour aller aux fortifications ou à la foire au pain d'épices.

Pendant ce temps, la mère a continué la corvée du ménage, le fils est allé faire sa partie de billard, ou, dès le matin, sa partie de bicyclette. La fille, dès le déjeuner, en toilette, va regarder les passants sur la porte, convoitant ceux qu'elle croit des heureux, et qui, bras dessus, bras dessous, s'en vont à la campagne.

Quand donc quittera-t-elle, à son tour, une maison où l'on s'ennuie tant ?

Quelle différence avec la famille qui respecte le dimanche ? Cette famille, autant qu'elle le peut se réunit à la même église pour entendre la parole du prêtre, recevoir le même enseignement d'aide mutuelle, de concessions, d'amour filial, d'affection paternelle, de respect de son Dieu. Puis, ce devoir accompli, elle revient déjeuner, vivement, pour partir à la promenade.

Pendant que les enfants courent et s'amusent, le père et la mère s'intéressent à tous leurs besoins, à la formation de leur caractère, parlent de leurs fréquentations, de leur apprentissage, de leur avenir.

On rentre ensuite dîner, chacun ayant pris son plaisir ; le menu est un peu plus soigné que d'habitude : on cause et l'on rit beaucoup ; parfois on chante ou l'on déclame, et cette paisible journée laisse dans l'âme de tous un doux et réconfortant souvenir.

L'enfant aime une telle famille où chacun est poli, aimant, complaisant ; il sait attendre agréablement le moment où Dieu l'appellera à créer à son tour un nouveau foyer où se retrouveront, avec les bénédictions du Ciel, les vertus et les qualités de celui où il a grandi en devenant meilleur.

VINGT-DEUXIÈME CONFÉRENCE

M. Prud'homme.

Connaissez-vous M. Prud'homme ?

Toujours rasé de frais, d'une tenue correcte ; il porte la cravate blanche, prend un air officiel ; il rêve une fonction publique.

Son pays doit avoir besoin de lui.

Aussi il rit rarement, prend un air doctoral : il s'aime ainsi.

Il est, avant tout, un homme de principes.

Mais son premier principe étant de réussir, il varie d'opinion suivant que les circonstances l'y obligent.

En politique, il est fidèle jusqu'à la réussite du successeur ; avant tout, il est du côté du manche, de celui qui lui donnera le ruban.

Il veut d'abord être juge au commerce, puis maire, puis député.

M. Prud'homme est Voltairien au café et au club : il reçoit des prêtres à sa table, sa fille est au couvent.

Il fait concorder ses principes avec son libéralisme.

Au café, il prépare son élection ; chez lui il est homme bien élevé ; pour ses enfants, il fait des concessions à sa femme.

Peut-on trouver homme plus correct, et de meilleure composition ?

Comme père, il dit à son fils : « Il faut faire ton avenir ».

Il ne lui dit pas : « Avant tout et toujours, sois honnête, respecte-toi, mais, il faut faire ta position. Amuse-toi si tu veux, mais sois sérieux. Je n'entre pas dans les détails, et ne suis pas gardien de la fille d'autrui. Sois seulement prêt à te débarrasser de celle qui a pu t'aimer, s'il se présente un parti sérieux qui fasse ta position ».

M. Prud'homme estime l'honnête homme et le protège moralement, mais il ne donnera sa fille qu'au fils de celui qui aura réussi, eût-il dû arranger ses affaires.

Lui, Prud'homme, il a une conscience, mais

c'est un homme fort, il sait au besoin se faire une raison.

Il a une religion à lui, celle de l'honnête homme et du travail.

Il admet une religion pour les femmes et les enfants.

Il oublie que s'il faut une religion aux enfants qui peuvent dérober des pommes ou des toupies il en faut une plus forte à ceux qui peuvent détourner une fortune ou assassiner au besoin.

Comme citoyen, M. Prud'homme a un principe : il faut réussir. — La morale des faits varie suivant leur résultat.

Ce fils d'ouvrier se fait-il une position chez le banquier où il a débuté : c'est le progrès qui veut cela.

Végète-t-il, c'est un déclassé à qui on aurait dû donner un état.

Cette fille de concierge se fait-elle actrice ou danseuse ? si elle a du succès, on l'adule, on la reçoit chez soi.

Cette autre s'est-elle moins avantageusement produite ? ce n'est qu'une cabotine, une sauteuse.

Cet homme d'expérience n'admet pas que la

même balle puisse tuer le brave ou le lâche, que le même couteau puisse assassiner le missionnaire ou tuer le pirate.

Pour lui, de deux concurrents, le plus intelligent et le plus honnête ne doit pas succomber dans une lutte avec le plus rusé.

Il n'y a pas de différence pour lui entre l'épreuve, si estimable qu'elle soit et le châtiment.

Avec de semblables principes, quelle idée le jeune homme peut-il avoir réellement de l'honnêteté ?

Et faut-il s'étonner si tant de chutes nous affligent !

Cette race de prud'hommes a eu jusqu'ici trop de succès pour qu'on ne la mette pas à son point.

C'est elle qui, à tous les degrés : commerçants, industriels, financiers, magistrats, littérateurs a faussé les sentiments d'honnêteté chez le peuple.

Dès 1830, elle a commencé sa campagne : en excitant l'ouvrier à s'insurger contre le repos du dimanche.

Ces fils de Voltaire n'ont plus voulu que le travailleur pût entendre une parole qui lui rappelât qu'il n'est pas une machine à travail, mais un enfant de Dieu qui a une âme.

L'ouvrier n'a pas vu le piège, parce qu'on lui parlait de sa liberté; il n'a pas compris qu'il travaillerait sept jours et son patron six; qu'on le détournait de sa famille, de son rôle de père.

Aujourd'hui, révolté contre tout, il n'entend plus la voix de ceux qui veulent son bien, il sait seulement qu'il souffre, qu'il a été trompé, qu'on lui a promis le bonheur, le plaisir, et que l'argent lui fait défaut pour s'en procurer.

Alors il demande un changement social, il écoute toutes sortes de systèmes et se déroute de plus en plus.

Ses vrais amis doivent surtout lui dire que, avant de changer tout un peuple, on a plus vite fait de se changer soi-même.

Les cœurs honnêtes reconnaîtront un jour qu'ils ont été trompés et que, aujourd'hui comme jadis, ce n'est encore que par le travail régulier, l'ordre, l'économie lente mais sûre, que la famille pourra se refaire et que viendront des jours meilleurs.

Ce n'est que par Dieu qu'on recevra la force de

reprendre le chemin des vertus qui soutiennent et raniment les plus abattus.

En définitive, les prud'hommes de révolte ont été nombreux et ils n'ont laissé que des déceptions, après s'être casés et enrichis. Il est temps de se désabuser de retourner à Dieu qui nous attend toujours. Il peut seul nous soutenir dans la voie difficile mais sûre, la seule qui donne à l'homme le calme d'une bonne conscience et la joie respectable qui en est le fruit.

VINGT-TROISIÈME CONFÉRENCE

Le loup et le chien.

Un loup n'avait que les os et la peau,
Tant les chiens faisaient bonne garde !
Ce loup rencontre un dogue aussi puissant que beau,
Gras, poli, qui s'était fourvoyé par mégarde.
L'attaquer, le mettre en quartiers,
Sire loup l'eût fait volontiers ;
Mais il fallait livrer bataille :
Et le mâtin était de taille
A se défendre hardiment.
Le loup donc l'aborde humblement,
Entre en propos, et lui fait compliment
Sur son embonpoint qu'il admire.
— Il ne tiendra qu'à vous, beau sire,
D'être aussi gras que moi, lui repartit le chien.
Quittez les bois, vous ferez bien :
Vos pareils y sont misérables,
Cancres, hères et pauvres diables
Dont la condition est de mourir de faim,

r, quoi ! rien d'assuré ! point de franche lippée !

Tout à la pointe de l'épée !

Suivez-moi, vous aurez un bien meilleur destin.

Le loup reprit : — Que me faudra t-il faire ?

Presque rien, dit le chien : donner la chasse aux gens

Portant bâtons et mendiants :

ller ceux du logis, à son maître complaire :

Moyennant quoi votre salaire

ra force reliefs de toutes les façons,

Os de poulets, os de pigeons ;

Sans parler de mainte caresse.

Le loup déjà se forge une félicité

Qui le fait pleurer de tendresse.

emin faisant, il vit le cou du chien pelé :

Qu'est-ce là ? lui dit-il. — Rien. — Quoi ! rien ! Peu de chose,

Mais encor ? — Le collier dont je suis attaché

ce que vous voyez est peut-être la cause.

Attaché ! dit le loup : vous ne courez donc pas

vous voulez ? — Pas toujours : mais qu'importe !

Il importe si bien que de tous vos repas

Je ne veux en aucune sorte.

ne voudrais pas même, à ce prix, un trésor.

la dit, maître loup s'enfuit et court encore.

LA FONTAINE.

Dans la belle fable de La Fontaine intitulée :
« Le loup et le chien », l'auteur nous présente la
liberté comme le plus précieux des biens.

Les deux animaux, qu'il choisit pour faire
la comparaison de la liberté et de la soumission, jouent chacun un rôle qui peut surprendre
notre logique. En effet, le loup, qui nous est
donné comme un caractère — est rusé, voleur,
cruel ; la liberté qu'il désire, c'est celle de vivre
aux dépens d'autrui. La fable semble louer le
loup. — Le chien, au contraire, qui est serviable,
aimant, fidèle, dévoué, semble à plaindre comme
un être débonnaire et asservi.

La Fontaine fait parler les bêtes pour donner
des leçons aux gens.

Alors nous pouvons traduire la fable de cette
manière. Deux hommes se rencontrent, un matin,
sur la route. — L'un, rusé, rôdeur, flâneur,
cruel au besoin, voit un ouvrier propre, à l'aise, à
l'air honnête et bon.

Le désir du rôdeur serait de l'attaquer pour lui
faire rendre gorge, au moins par l'intimidation ;
mais comme le travailleur est bien taillé, solide,
capable de lui rendre coup pour coup, il l'aborde

poliment : — « Vous êtes heureux d'avoir si bonne mine, d'être vêtu chaudement, d'être bien chaussé.

— « Il ne tient qu'à vous, répond l'ouvrier, d'être aussi bien que moi. Quittez vos compagnons : cancres, hères et pauvres diables dont la condition est de mourir de faim. Suivez-moi, et vous aurez, sous peu, un meilleur destin.

— « Que me faudra-t-il faire ? dit le rôdeur, qui a peur de trop s'engager.

— « Travailler, devenir sobre, économiser, moyennant quoi votre salaire vous produira : nourriture saine, logement salubre, vêtements chauds, et, plus tard, le mariage, la famille, un foyer.

Le chemineau séduit, pour un instant, par ces bonnes paroles, déjà se forge une félicité qui le fait pleurer de tendresse.

Chemin faisant, il voit le compagnon presser le pas : — « Quoi ! dit-il vous marchez si vite ! vous êtes donc à la minute ? Ne pouvons-nous pas prendre un verre pour nous mettre en train ?

— « Non, non, il faut arriver à l'heure, dit l'ouvrier, l'ouvrage commande, le devoir nous appelle.

— « Oh ! oh ! le devoir, la règle, la discipline ; je suis rassasié d'avance. Du foyer de la famille, je ne veux en aucune sorte, et ne voudrais pas même, à ce prix, un trésor. Là-dessus, il part et, comme le loup, il court encore.

Voilà, en somme, la traduction morale d'une fable, très jolie, comme charpente et poésie, mais funeste, comme morale, si elle n'est sainement interprétée. — « O liberté, que de crimes on commet en ton nom ! » dit Mme Roland.

En effet, que d'hommes croient que la liberté est le droit de résister, tandis qu'elle n'est que la faculté de choisir. — Ceci nous étonne, et cependant, c'est ce que nous voulons pour nous-mêmes. — Que quelqu'un prenne notre porte-monnaie ou notre outil, nous lui montrons que, s'il en a la liberté ou la faculté, il n'en a pas le droit. De même que si nous avons la liberté de nous faire servir à dîner, nous n'en avons le droit qu'autant que nous pouvons payer.

La liberté ne nous donne jamais le droit de faire le mal. — Si nous l'oubliions, en frappant notre voisin, celui-là nous ferait comprendre, durement, que la liberté de frapper n'est pas le droit de frapper.

Dans cette fable aussi, l'auteur a l'air de plaisanter le collier du chien. Ce collier représente pourtant les obligations de chacun, ce qui constitue son devoir.

Quel est l'homme qui n'a pas un collier ?

Le Ministre ? — N'est-il pas responsable devant les Chambres ? — Le député ? — N'a-t-il pas son groupe de cinquante ou cent électeurs influents qui lui rappellent ses engagements ? — Le capitaine a des chefs, depuis le commandant jusqu'au général. — L'industriel doit satisfaire aux exigences, aux caprices de ses clients.

Le rôdeur, lui-même, le grand indépendant, a ses devoirs envers la police qui le guette ou le poursuit.

Le père de famille a le collier respectable de la famille elle-même. — La mère n'a-t-elle pas un collier que son amour lui fait chérir, les soins dévoués pour son enfant ?

C'est donc un grand tort de tourner en ridicule le collier. Chaque homme doit le porter dignement, pour être véritablement honnête. — Le devoir n'est pas l'esclavage.

L'ouvrier, honnête, laborieux, qui remplit son devoir, connaît le bonheur du foyer ; il est respecté de sa femme et de ses enfants ; il a l'estime des honnêtes gens.

Le chemineau, le rôdeur qui méprisent le collier, traînent, sous le nom d'indépendance, une vie misérable, sans repos, sans honneur. Ils sont repoussés, chassés, méprisés, vivent sans abri, sans avoir.

Pourquoi faut-il que certain auteur, de nos jours, ait voulu faire du chemineau un héros faussant ainsi l'esprit du travailleur et se taillant un succès dans une erreur séduisante ? — Il omet de dire que, pendant 10 ans, ce chemineau avait oublié qu'il avait une fille. Qui donc l'a nourrie durant ce temps ?

L'honnête homme est plus simple, plus modeste plus vrai. Il lui faut plus de persévérance pour obtenir des résultats méritoires, trop peu appréciés du vulgaire.

Mais Dieu est là, juste et bon pour l'homme simple et vertueux ; il répond à ses prières en le bénissant, en le soutenant, et en lui donnant enfin cette satisfaction de la conscience qu'on ne possède réellement qu'en accomplissant la loi de Dieu, en lui donnant son cœur.

VINGT-QUATRIÈME CONFÉRENCE

Fierté — Dignité.

Il ne faut pas confondre les gens fiers avec les personnes dignes et distinguées.

La fierté est fille de l'orgeuil; la dignité est fille des vertus.

Suivant son rang dans la société, chacun pose différemment:

L'un pour la naissance, l'autre pour la fortune, celui-ci pour l'esprit, celle-là pour la beauté. Beaucoup pour l'esprit fort, quoique faisant élever leurs enfants chez des religieux.

Que de pedants font les fiers, posant pour la dignité.

Ces personnes orgueilleuses de leur naissance ont-elles eu le mérite de choisir leurs ancêtres ?

En tous cas, elles ont la mission de garder l'honneur qui leur a été légué — y pensent-elles ?

Les fortunés sont-ils sûrs que leur richesse a été gagnée loyalement ? si oui que de remerciements à faire à la Providence. — Tant d'hommes de mérite n'ont jamais connu la fortune. Si non, il faut baisser la tête et penser beaucoup aux pauvres.

Pour ceux qui sont fiers de leur esprit, il est vrai qu'ils peuvent avoir contribué à l'orner. Mais qu'ils prennent garde ! — Si avec cet attrait, ils cessent de se rendre agréables, bons et utiles à la société, ils seront peu à peu déconsidérés par leur pédantisme et la sécheresse de leur cœur.

Enfin beaucoup de femmes sont fières de leurs charmes — se sont-elles faites elles-mêmes pour s'en attribuer le mérite ? Qu'elles pensent à la fable « l'Ane portant les reliques ! »

Quoi qu'il en soit, rappelons-nous toujours que lorsque Dieu nous a heureusement doués, nous sommes responsables de ses faveurs. — Si elles ne nous servent pas à faire le bien, nous serons punis d'avoir employé, pour notre vanité, des dons qu'il nous avait donnés pour attirer à lui.

Que serait-ce donc si par ces dons nous avions causé la dissipation ou le scandale?

En Egypte, Taminienne dut comparaître, comme chrétienne, devant le préfet d'Alexandrie, pour sacrifier aux dieux.

Cette jeune fille, d'une grande beauté, mais encore plus vertueuse que belle, confessa la foi de son Christ et souffrit les premiers tourments.

Quoiqu'esclave, elle avait une grande dignité — l'un des gardes qui l'escortait — dans ses allées et venues aux prisons — frappé de cette alliance de la beauté, de l'innocence et du courage eut pour elle les plus grands égards.

Il la défendit constamment contre ces quelques êtres qui, dans les foules, ne voient qu'une occasion d'insulter à ce qu'il y a de plus respectable.

Taminienne, au moment de monter pour la dernière fois au supplice, dit à ce garde: « Dès que je « serai dans le Ciel j'obtiendrai grâce pour vous et Dieu ouvrira vos yeux à la Vérité ».

Quelques jours après, le soldat Basilide se déclarait chrétien et mourait pour sa foi!

Quand la beauté fait naître de tels sentiments, on peut dire qu'elle est un don du Ciel !

J'ai dit que la fierté est fille de l'orgueil tandis que la dignité est fille des vertus. Combien de gens font de la dignité et manquent réellement de dignité !

Ceux qui, par exemple, après avoir fait tort à autrui dans son honneur, dans sa famille, viennent lui proposer un duel comme réparation, sont-ils dignes, quoique faisant de la dignité ?

Enfin, il faut bien se l'avouer entre nous. Combien d'hommes, dont la dignité ne peut supporter aucune observation de leurs chefs, s'accommodent cependant des humiliations que subiront leurs femmes quand, — pour ménager la fausse dignité du Monsieur, elles devront aller emprunter ou implorer la pitié des marchands.

Non, il n'est pas si facile de garder la dignité, cela coûte. L'homme digne est sobre, poli, sincère, loyal : il ne court pas après les dignités.

Il se respecte dans ses actes et même dans sa conversation. Il sait s'excuser quand il s'est trompé et pardonner généreusement à qui l'a offensé.

Un homme est digne surtout, quand, isolé, il

sait se sacrifier pour sa patrie. Digne, quand l'honneur d'autrui lui est aussi cher que le sien propre. Digne, quand l'adversité le trouve prêt à supporter les épreuves de la famille et de la pauvreté. Digne, entre tous, quand, toute sa vie, il sait demeurer fidèle à son Dieu.

En Afrique, un détachement, surpris par 1.200 arabes, se défendit courageusement, mais dix fois décimé, réduit à 15 hommes, il dut se rendre.

On promit au chef la vie sauve pour lui et les siens, s'il embrassait l'islamisme.

Le lieutenant, hésitant, regarda son sergent qui, s'avançant, dit fièrement : « Moi je ne renie pas. »

L'officier se ressaisit et lui et ses hommes se firent couper la tête pour garder leur foi.

Ce sergent fut vraiment digne ! si digne qu'il entraîna ses compagnons à l'héroïsme, glorifiant son Dieu et son pays !

VINGT-CINQUIÈME CONFÉRENCE

Usage — Habitude — Abus.

Une lithographie, parue vers 1850, représentait un brave homme, à demi collé contre un mur, et le chapeau un peu défoncé ; on lisait au-dessous cette légende :

« C'est drôle, on dit qu'un verre de vin soutient « l'homme ; j'en ai bu dix, et je ne peux plus me tenir. »

Cette caricature avait plus de philosophie qu'on ne le suppose ; elle montrait la différence qu'il y a entre l'usage et l'abus.

Mais l'abus provient presque toujours de l'habitude.

De presque tout on peut faire usage : le vin aide à la nourriture et même à la gaîté ; il réjouit le cœur de l'homme. Un petit verre de liqueur, un ci-gare, sont bien reçus les jours de fête. Une partie le dimanche ; — par hasard, le théâtre, sont des dis-tractions bien permises pour rompre la monotonie. Quelques gouttes d'absinthe, sans sucre, dans de l'eau, peuvent, en Afrique, avoir leur utilité pour étancher la soif. Tout cela, en son temps, peut bien faire ; — s'en créer une habitude est mauvais.

L'habitude, dit le proverbe, est une seconde na-ture : Oui, heureuse, si elle conduit au bien ; mal-heureuse, si elle a le désordre comme fin.

Parmi les habitudes nuisibles, il faut citer les apéritifs. Ils n'ont aucun avantage pour le corps, au contraire ; et on s'y fait facilement.

Le vin peut produire des désordres extérieurs qui humilient et avertissent l'homme ; les liqueurs s'insinuent mieux dans nos habitudes, et c'est pour cela qu'elles sont plus dangereuses.

Chose remarquable, ce sont les gens qui peu-vent le moins se nourrir qui consomment le plus d'apéritifs. On se prive souvent sur son nécessaire, pour prendre ce qui concourt le plus à débiliter, énerver le corps, et souvent à altérer la raison. Bien fâcheuse habitude :

Le tabac en fait naître une autre non moins regrettable. Il ne devrait être qu'une récréation ; on s'en fait généralement, par usage immodéré, une habitude tyrannique. J'ai connu des jeunes gens honnêtes qui étaient arrivés à user 0.50 à 0.70 cent. par jour de cigarettes, — des pères de famille qui fumaient jusqu'à 0.30 cent. de tabac, dans le même temps. Comment, avec cela, équilibrer son petit budget ?

Tant qu'on est à l'aise, ou qu'on a de l'ouvrage, on ne pense pas aux conséquences de cette habitude ; mais qu'un chômage ou des revers arrivent, que voit-on ? — Des financiers, qui fumaient des cigares de 75 cent. réduits au petit cigare de cocher. Des ouvriers, qui ont ri de l'économie pénible, n'ayant plus l'habileté de leurs jeunes années, réduits à chercher, sous les tables des cafés et à mettre dans leur bouche, les bouts de cigares que d'autres ont rejetés :

Si l'on doit respecter l'homme qui ramasse du pain, et même lui en offrir, que dire quand cette humiliation est la conséquence d'une mauvaise habitude ?... Si jeunesse savait, que de peines elle s'éviterait pour l'avenir !...

Les écoliers, les jeunes apprentis croient faire une niche à leurs parents, à leurs maîtres quand, dans un coin, ils ont trompé leur surveillance. En cela, comme en beaucoup de choses plus graves, les malins s'attrapent eux-mêmes, pour plus tard ; c'est seulement une affaire de temps, les maîtres n'auront rien perdu, les malins auront contracté une habitude.

Je vous ai montré combien nos habitudes sont exigeantes, je voudrais vous faire voir qu'elles peuvent devenir tyranniques. Oui, tyranniques, lorsqu'elles nous font souffrir plutôt la faim que de leur résister, quand, malgré l'affaiblissement ou le dérangement de notre raison, nous continuons à leur obéir ; quand, malgré la gêne ou la misère de notre famille, nous voulons assouvir la passion qui nous domine. Mais n'allons pas si loin.

Que penserions-nous simplement d'un patron qui nous retiendrait sur notre salaire 50 à 60 frs ? Qui ne nous laisserait pas de quoi acheter des vêtements d'hiver, des chaussures, qui irait jusqu'à nous priver d'une partie de notre nourriture, et même d'un abri ? Quel nom lui donnerions-nous ?

Ce patron injuste et dur, c'est nous-mêmes... quand nous ne savons pas nous priver des 200 à 250 francs par an que peuvent nous coûter les apéritifs et l'abus du tabac[*]. Souvent nous sommes obligés de déménager parce qu'il nous manque 50 frs. pour payer le terme (déménagement qui nous coûte de 15 à 20 frs.). Avec moitié moins de dépenses inutiles, nous aurions de petites économies, un peu d'avance ; avec un peu plus d'énergie, nous aurions placé quelque argent à la Caisse de retraites pour la vieillesse.

Avant que les orateurs aient réformé le monde, nous pourrons plus facilement nous changer nous-mêmes, plus heureusement et en toute liberté.

Il y a plus de cent ans qu'on parle du bonheur du peuple. Qu'a-t-on fait réellement pour lui ? Il est plus sage qu'il compte d'abord sur lui-même pour être son bienfaiteur.

La privation de ce qui est inutile ou nuisible, l'exercice de son intelligence par des lectures ins-

---

[*] *Tabac 20 c. par jour* . . . . 73 »»
Allumettes, blagues, pipes. . . . . 15 »»
2 apéritifs par jour à 15 l'un 109 50
———
197 50

Voilà pour les moins dépensiers !

tructives ou morales, les saines distractions don-
neront à l'homme plus de repos et de bonheur que
les poisons sucrés et le tabac. Nous profiterons
alors de l'économie des satisfactions inutiles dont
nous serons privés. Nous serons plus sains d'esprit et de corps, plus gais, plus dispos, meilleurs
pour notre famille, plus aimants, plus aimables.
La modestie gardera notre jugement sain ; par elle
nous serons conciliants, serviables, hommes de
bon conseil.

Nous trouverons naturel de respecter la morale,
et surtout le Dieu qui s'est laissé crucifier pour la
créer, en nous laissant comme héritage le plus bel
enseignement : l'amour du prochain et le respect
de soi-même.

VINGT-SIXIÈME CONFÉRENCE

De l'envie.

L'un des maux les plus dangereux de la société actuelle, c'est l'envie.

L'envieux se cache sous différentes théories de liberté, d'égalité, de droit au travail, de participation au capital, d'associations ouvrières, de syndicats, etc., etc.

L'ensemble de ces théories constitue ce qu'on appelle la question sociale.

Chaque époque paraît apporter avec elle une nouvelle division de cette fameuse question.

Ce qui ne change pas, c'est la crédulité des braves gens, toujours prêts à écouter certains déclassés, qui ont besoin de marche-pied pour se faire une position.

Une utopie bien présentée, qui attaque habilement tel ou tel corps constitué, fait arriver l'envieux à l'un des rangs élevés de la société, beaucoup plus rapidement que le travail persévérant et modeste.

Si les promesses du réformateur ne se réalisent pas, son chemin à lui s'est fait : il est parvenu au poste qu'il convoitait, et, maintenant, il peut encore promettre qu'il réussira mieux une autre fois s'il est mieux compris.

Le procédé est-il délicat ? Non : Mais à une époque où l'on dit à l'homme: « Il faut, avant tout, se faire une position ; il faut réussir », le jeune homme se trompe facilement sur la route qu'il doit choisir.

Sachons donc nous dire que Dieu seul est notre fin, sa loi seule, franchement pratiquée, peut nous montrer le vrai chemin de l'honneur.

Aucun homme n'est obligé d'être riche ; mais tout homme doit être honnête, quoiqu'il ne soit pas si facile de l'être que de s'en vanter.

Cette vertu n'est pas si naturelle, si commune parmi les hommes qu'ils le disent ; mais l'envie y est plus connue et personne n'ose avouer qu'il en est possédé.

Le Christianisme loyalement pratiqué produit la vraie et solide honnêteté qui fait mépriser les suggestions de l'envie.

C'est lui seul qui fait arrêter ou rectifier la tentation de faire des gains faciles mais déshonnêtes et donne la patience, la résignation nécessaires pour supporter les épreuves et les injustices.

C'est lui seul qui donne la persévérance dans la lutte, et nous fait porter nos regards au-delà de la terre.

Seul, il nous fait estimer le devoir plus que le résultat et préférer les joies modestes de la famille au confortable de l'égoïsme, parce qu'en somme, le chrétien milite, combat, vit avec son Dieu.

Pendant qu'on le croit seul, il regarde son Créateur, et met son espoir en lui.

Il ne perd pas son temps dans un doute qui isole, dessèche et désespère ; mais en souffrant même, il espère en Celui qu'il trouve partout pour lui donner l'espoir, le courage et la force qui lui sont nécessaires chaque jour.

Mais aussi, le devoir accompli donne le repos de la conscience, que tant de puissants et d'orgueilleux ont perdu pour toujours.

La religion, contrairement à l'envie, enseigne la modestie, l'humilité et la charité, qui produisent le désintéressement.

Certainement qu'un chrétien peut, par nature, être porté à l'envie ; mais l'éducation qui lui est donnée, lui en montre continuellement le côté égoïste, pénible et trompeur.

Comment l'homme dirigé par cet enseignement, appelé à méditer l'odieux de cette funeste passion, resterait-il insensible à tous les bons conseils : ce ne serait qu'un homme portant le nom de chrétien, mais non un chrétien.

Si la religion était mieux pratiquée, nous ne verrions pas tant d'hommes, haut placés, se ruer à la curée des honneurs et des places, quels que soient les moyens qu'il faille employer pour y parvenir.

Ces hommes n'oseraient pas renier leur passé, tromper le peuple en se trompant eux-mêmes ; car les honneurs ne coûtent pas seulement le repos de l'âme. Dès ce monde, après la fièvre, qui a saisi l'esprit, succèdent les malaises, le besoin de distractions violentes, une soif d'oubli, qui se traduit par des soupirs, des regrets et des remords.

L'envie ne satisfait jamais ses victimes.

VINGT-SEPTIÈME CONFÉRENCE

Producteurs.

Je me trouvais, un jour, lisant mon journal, dans le tramway Bastille-Montparnasse. — En face de moi, était une pauvre femme qui racontait ses malheurs à un ouvrier; — celui ci ne trouvait, pour la consoler, que cette phrase, qu'il ne ménageait pas : « Les bourgeois, il faut les pendre haut et court. »

J'avais fini par le regarder d'un air étonné, mais lui, probablement irrité par les huit reflets de mon haut de forme, reprit encore plus fort : « Oui, il faut les pendre haut et court. »

J'eus le malheur de lui faire remarquer qu'il vaudrait mieux les pendre moins court, mais, exaspéré de plus en plus, il m'invectiva, disant qu'il était un producteur et moi un exploiteur ; cela tombait mal, puisque je n'ai jamais occupé personne.

J'avais toujours l'œil sur l'ouvrier qui avait une sérieuse envie de transformer mon chapeau en accordéon ; comme il y en a de tout faits, je n'étais pas disposé à prêter mon couvre-chef pour cet office. Enfin notre homme étant arrivé à son terminus, me jeta à la face qu'il était anarchiste et ne craignait pas de le dire.

J'étais vraiment peiné de voir ce fasciné, qui avait l'air d'un travailleur, tellement imbu d'idées fausses, qu'il pensait faire une action méritoire en se rendant désagréable.

Cette idée, qu'il n'y a que le travailleur manuel qui soit producteur, est très répandue dans la classe ouvrière ; elle est cependant très erronée. Notre homme était tailleur de pierre. Avant que sa pierre lui fût donnée à tailler, un entrepreneur en avait dû exploiter la carrière ; un autre entrepreneur avait dû en faire le transport et avant que ces entrepreneurs eussent pu faire leur livraison, un architecte avait dû concevoir un plan, en faire exécuter les calculs, les dessins et les coupes, soit quatre ou cinq personnes, qui n'avaient travaillé que par la réflexion, avant que les travailleurs manuels eussent pu exercer leur métier.

Cet architecte n'était-il pas le premier producteur? — Il paraît que non : beaucoup de gens ne réfléchissant que peu ou craignant de réfléchir n'admettent pas le travail dont ils sont incapables.

En poussant jusqu'au bout leur raisonnement, le charretier, qui est un producteur de la force, serait inférieur à son cheval, qui en produit beaucoup plus que lui.

Le capitaine qui dirige un navire serait, d'après le raisonnement de mon anarchiste, inférieur au chauffeur qui jette à tout instant du charbon dans le foyer de la chaudière et, par la vapeur, actionne l'hélice.

Ces exemples ne montrent-ils pas que la production par l'intelligence précède et entretient la production manuelle?

Sans les producteurs ingénieurs, sans les machines, il faudrait 60.000 hommes pour battre le blé et le moudre, on les occupe plus intelligemment.

Ce qui est surprenant, c'est que, en général, les ouvriers, si fiers de leur travail manuel, cherchent

à en exonérer leurs enfants, quitte à leur créer une
situation fausse, dont ils souffriront toute leur vie.
Mais ce qui est plus surprenant encore, c'est que
les mêmes hommes, qui ne reconnaissent, comme
producteur, que le travail manuel, attribuent la
faute à l'architecte et non aux ouvriers, quand
une maison vient à tomber. Ne savons-nous pas
que, si un pont s'écroule, c'est à l'ingénieur des
ponts qu'on s'en prend ; si une locomotive cause
un accident, c'est l'ingénieur constructeur qu'on
en rend responsable ?

En guerre, quoiqu'on dise vulgairement que ce
sont les soldats qui gagnent les batailles, ce ne
sont pas les soldats qu'on accuse, si on est défait,
mais c'est toujours le général qui supporte la disgrâce de l'opinion publique. Comment faire accor-
der l'idée du soldat vainqueur par lui-même et
elle du général responsable ?

Ces accusations contre les architectes, les ingé-
ieurs, les généraux, ne montrent-elles pas qu'ils
ont les premiers producteurs puisque ce sont les
euls que l'on rend responsables. — L'envie seule,
a médiocrité, peuvent égarer le jugement du tra-
ailleur.

Eh bien, soit ! dira-t-on, mais si on doit reconnaître les producteurs de l'intelligence, ne doit-on pas supprimer les parasites, les exploiteurs et les intermédiaires ?

Tous les exploiteurs réussissent-ils, n'ont-ils pas le sort des joueurs ? — Les gens honnêtes, sérieux, amis de la tranquillité, voudraient-ils s'exposer à la ruine qui suit quelquefois les grandes entreprises ?

C'est la passion de la fortune qui produit, presque toujours, les ravitaillements des nations, soit pour l'alimentation du corps, soit pour l'approvisionnement de l'industrie. — Quant aux intermédiaires, courtiers, détaillants, commis, employés aux écritures, il est toujours avantageux de les supprimer, quand on le peut ; mais il faut le pouvoir.

Les courtiers sont ceux qui renseignent les commerçants sur les approvisionnements qui se trouvent à l'étranger et les concurrences avantageuses. — Les maisons de détail permettent de n'acheter que les quantités inférieures qui nous sont suffisantes. — Quant aux commis et employés aux écritures, ils sont les bras supplémentaires du négociant, qui serait très heureux de supprimer les frais généraux s'il pouvait tout faire.

Quoi qu'il en soit, bien des producteurs manuels ne voudraient pas changer leur position contre celle des producteurs intellectuels.

Dès la classe on voit des enfants intelligents qui redoutent l'étude. Plusieurs sont cependant travailleurs, adroits pour tout ce qui est manuel, mais antipathiques à la réflexion.

Plus tard, les ouvriers se divisent naturellement en deux classes : celle qui veut augmenter ses connaissances mécaniques, physiques ou morales, et celle qui préfère les travaux pénibles à ceux qui supposent une étude. — Nous n'avons pas les mêmes aptitudes ; c'est une des lois de la création, de prédisposer quelques-uns à la production intellectuelle et les autres aux travaux manuels.

En musique, c'est l'ensemble des notes inégales, jetées sur des lignes élevées ou inférieures pour former des sons différents, qui produit l'harmonie quand un compositeur de talent a mis à leur place toutes ces inégalités. — Dans la société, ce sont les aptitudes diverses, les positions différentes, l'alliance des efforts de l'intelligence et du travail manuel qui, bien dirigées, mises à leur vraie place, produisent l'harmonie sociale.

Il faut que les producteurs intellectuels, tenant compte de la mission qu'ils ont reçue de Dieu, dirigent honnêtement les producteurs manuels, et que tous ces producteurs, comprenant leur rôle dans la société, se rendent serviables les uns aux autres, pour mériter l'estime publique.

Cette estime publique n'a de valeur durable et réelle que lorsque Dieu en est le point de départ, le soutien dans la vie et la récompense finale.

VINGT-HUITIÈME CONFÉRENCE

Franchise et Hypocrisie.

La franchise est la sincérité avec laquelle on parle à autrui. — Il ne faudrait pas confondre la franchise avec la rudesse ou la grossièreté.

C'est, je le répète, la sincérité avec laquelle on parle à autrui, même quand il doit en coûter. Certaines gens se disent francs, quand, de mauvaise humeur, ils font des reproches ou des médisances très pénibles ou préjudiciables.

Ils prennent la satisfaction de leurs nerfs pour de la franchise et se garderaient bien d'en dire autant s'ils n'avaient une galerie et se trouvaient seuls en tête à tête avec celui dont ils se plaignent.

Demandez à ces personnes irritables de prévenir convenablement un collègue, un ami, d'un sérieux embarras que ceux-ci se préparent ; elles vous répondront vivement qu'elles ne sont point chargées de ce soin, qu'elles n'ont pas besoin de se créer d'ennuis pour les autres.

Il arrive cependant que des personnes vraiment franches éprouvent des désagréments de l'avoir été : cela provient d'ordinaire du manque de forme avec lequel elles ont donné leur avis ou de leur impatience à attendre le moment convenable.

La franchise n'exclut pas la discrétion, bien au contraire ; en réalité, elle consiste à dire la vérité quand on est interrogé sur un fait ; le surplus est du dévoûment.

Si la franchise a des égarements, il ne faut pas les comparer aux maux que produit l'hypocrisie.

L'hypocrisie provient du désir de plaire et de parvenir, par le bien ou le mal, suivant l'avantage qui en peut résulter.

Trop facilement on croit qu'il n'y a que des hypocrites du bien. — Les temps ou les circonstances produisent les hypocrites du mal et du vice.

A Versailles, dans une des frises du musée, il y a une très jolie fresque représentant une procession sous Charles X.

On y voit les premiers corps de l'Etat assistant à cette cérémonie dans une tenue et un ordre parfaits : on devine aisément qu'ils considèrent comme un honneur d'y avoir leur place.

Aujourd'hui aucun de ces corps ne se fait plus représenter : — on fait même profession d'indifférence ou d'irréligion. — N'y avait-il de l'hypocrisie que sous Charles X ? — N'y a-t-il plus d'hypocrisie maintenant ? — Il y a là bien des choses à dire !

Aujourd'hui bien des magistrats, qui mettent leurs fils en pension chez des religieux, ne suivraient plus une procession. — N'y a-t-il pas là faiblesse, même poltronnerie ?

Aujourd'hui tel, qui dans un ministère affiche sa libre pensée, a sa fille chez des religieuses. — N'y a-t-il pas là hypocrisie ?

Le vent est à l'irréligion ; on parvient par l'irréligion : — on est hypocrite irréligieux, voilà seulement où est la différence.

Ce qu'il faut dire c'est que Lamoignon, d'Aguesseau, de Sèze, Malesherbes ont été des chrétiens, des magistrats qui ont laissé un nom autrement respecté que nos avocats politiques. Ceux qui rougissent de ce qu'ils ont cru sont bien loin d'avoir leur valeur.

Ce qu'on peut dire c'est que nos députés libres-penseurs n'ont rien donné de ce qu'ils avaient promis, et qu'il n'ont pas augmenté le prestige de la justice.

Ce qu'on doit dire, c'est que le peuple n'a pas trouvé d'institutions qui le rendent plus heureux, qui aient relevé sa famille, sa position, son moral.

Ce qu'il faut dire, c'est que l'honnêteté générale a baissé, soit que l'on parcoure les rangs des gouvernants ou que l'on traverse les rangs des gouvernés.

L'histoire des derniers temps n'est pas faite pour nous rendre bien fiers.

Il n'y a pas jusqu'à l'ouvrier, autrefois si honnête, dont la valeur morale n'ait diminué.

Dans l'imprimerie, par exemple, un papier ne sera pas accepté par une équipe si elle n'a reçu un petit pourboire par bobine de papier, et de même pour l'encre.

Sans cela le papier se déchirera et l'encre sera défectueuse.

Nous avons progressé dans l'industrie, mais non dans la vertu.

Il n'est pas rare de voir rire de l'honnêteté, se moquer de la vertu. Souvent il est difficile d'en prononcer le nom dans certaines sociétés.

Relevons-nous donc par la franchise — dédaignons le respect humain qui est une faiblesse, sinon une hypocrisie.

Laissons les esprits forts avec leur sécheresse, leur dédain et leur haine.

Soyons francs avec les hommes et surtout avec Dieu.

VINGT-NEUVIÈME CONFÉRENCE

De l'instruction.

Le vin est une chose bonne en soi ; le sel est une chose bonne en soi ; le poivre est une chose bonne en soi.

Néanmoins, chacune de ces choses utiles peut devenir nuisible ou désagréable si l'emploi en est démesuré ou faussé.

L'instruction est aussi très bonne en soi. Mais encore faut-il qu'elle soit distribuée avec sagesse et mesure pour faire le bien du peuple, et non pour le flatter.

Il serait désirable qu'un menuisier suivît les cours de dessin et de géométrie ; qu'un ouvrier mécanicien connût la mécanique et même la physique, qu'un cultivateur eût des connaissances agronomiques et chimiques, qui lui permissent d'analyser ses engrais.

A cela qui s'oppose ? qui n'est disposé à féliciter l'ouvrier, le commis, le cultivateur qui, de lui-même, suit les cours du soir pour compléter son instruction ?

Ce qui est fâcheux, c'est de rechercher l'instruction pour quitter son état et non pour se perfectionner dans son état : non pour s'élever dans son milieu, mais pour quitter son milieu. Comment faire concilier cette tendance générale avec nos idées sur l'égalité !

Avec notre idée théorique que tout citoyen doit être admissible à tous les emplois, la vanité et l'envie sont devenues comme une frénésie et pour quelques centaines d'hommes capables, méritant une situation supérieure à celle qu'ils occupent, 75.000 ambitieux se croient incompris malgré les preuves flagrantes de leur incapacité.

Toutefois, ne confondons pas le déclassement avec ce qui est désirable, c'est-à-dire l'élévation des hommes de mérite et de valeur aux postes les plus élevés de leur condition.

J'ai connu un garçon de magasin sobre,

travailleur, économe, qui, entré dans une maison de commerce pour garder les marchandises d'étalage, se montra si poli et si intelligent qu'il fit d'abord des ventes fréquentes ; on le pria, après augmentation d'appointements, de quitter sa tenue pour celle d'employé ; on lui conseilla de suivre les cours du soir ; il le fit avec empressement, profitant du temps qu'on lui avait accordé exprès pour cela, puis 6 à 8 ans après, il épousait une nièce de la maison munie d'une dot convenable. — Enfin il devenait le successeur des commerçants qui l'avaient eu comme garçon.

Etait-ce un déclassé ? non, il était devenu un des premiers dans sa classe. Il avait complété son instruction avec persévérance, *mais non faussé son instruction.*

Ce que fit cet homme, quel ouvrier ne peut le aire aussi ? qui l'empêche de fréquenter les écoles du soir, d'acquérir lui-même des connaissances en mécanique, en physique ou en chimie ?

N'y a t-il pas de nombreux exemples d'ouvriers qui se sont formés eux-mêmes par l'étude et par un travail persévérant, — avec de la sobriété, de la réflexion — ils sont devenus des fabricants cités, des entrepreneurs importants : plusieurs sont arrivés à de hautes fonctions publiques.

Ces hommes sont-ils des déclassés ? non. *Ils se sont servis de l'instruction pour devenir les premiers dans leur état et non pour quitter leur état.*

Comment nous servons-nous généralement de notre instruction ?

Ce jeune homme qui lit jusque dans la rue, est-ce la connaissance de sa langue qu'il complète ? Est-ce d'histoire ou de géographie qu'il enrichit son modeste savoir ? Non, il lit un roman qui le passionne, échauffe son imagination et le fait voyager dans un monde idéal, où l'on oublie les réalités de la vie. Loin de lui, les difficultés pratiques et la nécessité d'apprendre à les vaincre.

Dans ces lectures, point de ces conseils sévères qui enseignent les moyens de garder la fermeté d'une conduite régulière. Non, elles ne parlent que de beauté et d'amour, comme si son imagination n'était pas plus que suffisante pour cela, à moins que les passions politico-sociales ne l'aient déjà entiévré.

Et cette pauvre jeune fille, que lit-elle, dans le

coin de l'omnibus ? un livre utile à la conserva-
tion de sa dignité ? Oh non ! elle est loin, par
l'imagination, de la place qu'elle occupe ; elle ne
quitte pas des yeux son petit journal qu'elle ne lit
qu'au-dessous de la grosse raie noire où l'on parle
d'Ernest et de Blanche.

Voilà ce que généralement on fait de son instruction, voilà ce que l'on fait habituellement d'une
chose bonne en elle-même : — une arme que l'on
tourne contre soi.

*L'instruction donne le savoir, mais ne donne
pas le moyen de le rendre utile.*

Combien d'hommes instruits ne se servent de
leur science que pour la satisfaction de leur orgueil,
oubliant la responsabilité qui leur incombe de soutenir, de fortifier le peuple dans le travail, la patience et la vertu.

Combien il est regrettable que beaucoup trop
de ceux qui ont fait quelques études ne veuillent
plus que pérorer ou tenir une plume pour écrire
dans les journaux, quels qu'ils soient, sacrifiant
au besoin, au désir d'être lu, ce qu'ils ont respecté jusque-là.

Encore, dans l'instruction, y a-t-il bien des degrés?

Combien se croient instruits et ne connaissent que la table des matières de la science !

De même qu'il y a artiste et artiste, il y a des ouvriers habiles et des vantards qui se croient adroits.

Combien d'ouvriers honnêtes s'illusionnent sur l'instruction et les capacités de leurs enfants et disent : « Je ne veux pas que mon fils soit comme moi, le métier ne vaut plus rien. »

Mais savez-vous quel est le bon ?

Supposons que vous soyez peintre en bâtiment ? ne pourriez-vous vous servir de votre expérience, de vos conseils pour que votre fils apprenne le filetage, ou la lettre ? Le soir, au lieu de courir la ville, ne peut-il suivre les cours de dessin et se perfectionner dans l'attribut ou la décoration ? Le fils du menuisier ordinaire ne peut-il, soutenu par son père, devenir menuisier ébéniste ?

En un mot, dans n'importe quel état, ne peut-on devenir capable, même artiste ?

Craignons surtout de donner de l'instruction à notre fils, pour en faire un Monsieur, qui pourra trouver très pénible de rester toujours avec des parents qu'il n'osera présenter dans l'entourage dans lequel on l'aura déclassé. Ne voit-on pas combien la manie de faire prendre des brevets aux jeunes filles pour en faire des demoiselles les a conduites à faire fausse route ?

Aujourd'hui, d'après les statistiques, il y a 200 institutrices à caser pour une place vacante. Que faire alors ? Ayant pris un genre et des manières qui éloignent du travail manuel, ayant besoin de vivre, on lutte et l'on souffre, si l'on en a la vertu !!... mais, si on ne l'a pas ?

Le nombre des personnes qu'on ne peut plus estimer vous donne la réponse.

Pourquoi l'instruction n'a-t-elle pas tenu les promesses qu'on nous avait faites de conduire le peuple à la vertu. Parce qu'on a donné l'instruction avec fièvre en la séparant de l'éducation.

L'éducation doit être la compagne essentielle, inséparable de l'instruction.

Tandis que l'instruction développe l'intelligence et les facultés, augmente les connaissances, — l'éducation doit développer les bons sentiments et former le cœur à l'amour du Bien.

Mais l'éducation, pour être complète doit être aidée par la religion, qui ajoute aux qualités que nous possédons les forces surnaturelles que Dieu donne à qui les lui demande.

C'est donc à tort qu'on a chassé la religion de l'école, on s'en aperçoit aujourd'hui. Les gens qui craignaient que leur enfant ne fût influencé par cette religion n'étaient-ils pas toujours les maîtres de mettre un arrêt à temps ?

D'eux-mêmes, les enfants ne s'arrêtent-ils pas trop souvent dans le chemin de la religion et même de la bonne conduite.

Demandez aux professeurs des lycés où la religion est en défaveur si la direction des élèves est facile ? et s'ils n'ont pas beaucoup à compter avec leur désir d'être indépendants de quoi que ce soit ?

C'est donc avec grand tort que certains parents ont méconnu la nécessité de l'éducation dans les écoles ; ils doivent réagir fortement dans leur famille à ce manquement. Mais en ont-ils le temps et le savoir ?

Serais-je seul à remarquer que de jeunes paysannes, n'ayant reçu que l'éducation de leur mère, sont devenues bonnes et vertueuses, tandis que des jeunes filles instruites, se croyant des savantes, ont pensé avoir trop d'esprit pour croire et pratiquer la religion de leurs parents ?

C'est pourtant bien cette religion que, fièrement, la France pratiquait autrefois : notre patrie n'en était que plus glorieuse dans ses victoires, plus respectable dans ses malheurs.

Corneille, Racine, Boileau, Bossuet, Fénelon, Massillon, Bourdaloue seront toujours une saine gloire pour le nom Français ; il me faudrait des pages pour énumérer les chrétiens illustres qui ont honoré notre instruction française. Mais ces hommes étaient des hommes d'éducation et de l'éducation qui s'appuyait sur la religion et la glorifiait.

TRENTIÈME CONFÉRENCE

Du Caractère.

Depuis longtemps les personnes sages qui étudient notre époque et les moyens de travailler à son bien déplorent l'affaiblissement des caractères, la difficulté de trouver des hommes de caractère.

Comment se fait-il qu'en un temps où l'intelligence est plus développée que jamais, on trouve si peu de gens raisonnables qui sachent vouloir?

Une des causes de cet affaiblissement, dont on reconnaît aujourd'hui la néfaste importance, provient de ce qu'on ne fait plus l'éducation de la volonté dans la jeunesse.

Il semble que l'instruction, que le savoir suffise pour arriver à une position, et comme la position est généralement le seul point de mire des parents, on néglige l'éducation de la volonté ; de là résulte peu à peu l'affaiblissement du caractère et par suite le manque d'hommes de caractère.

Faire sa position est, pour ainsi dire, le seul conseil qu'on donne à un jeune homme, le seul résultat qu'on exige de lui. On lui vante sans cesse les hommes qui ont réussi, on ne lui parle pas de ceux qui ont préféré la médiocrité à la perte de la dignité, — la disgrâce, aux complaisances malhonnêtes.

Dernièrement, l'État faisait des funérailles publiques à un de ces hommes qui n'ont cherché et suivi que le succès — dont les écrits dénotaient la versatilité des sentiments et des prétendues convictions —; dont le talent réel et l'habileté se plaisaient à jeter le doute sur tout ce qui doit être respecté.

Cet homme s'était plu à montrer à la jeunesse étudiante les résultats qu'il avait obtenus en riant, avec talent, de toutes choses.

Quel exemple, ceux qui lui prodiguaient des honneurs, donnaient-ils à nos jeunes hommes d'avenir! — pouvait-on mieux bafouer la vertu et faire dédaigner le mérite d'avoir du caractère?

Faut-il s'étonner que la jeunesse, avec de pareils modèles, perde l'habitude de la lutte contre ses instincts, et que la plus grande partie préfère ses plai-

sirs à son devoir, quels que soient même les plaisirs, quelles que soient les terribles conséquences
qui puissent s'ensuivre.

De religion, il n'est plus question, et cependant,
c'est la religion seule qui enseigne et fournit les
moyens de résister à ses passions mauvaises.

C'est elle qui donne à la volonté une force divine, qui domine le corps, en procurant à l'homme
la force surnaturelle qu'il ne peut tirer de lui-même
mais de Dieu seul.

Mais cette force, il faut la demander par la
prière ; malheureusement combien d'hommes craignent de se diminuer en priant ; — cependant
prier est un acte de bon sens. — Tout homme devrait savoir qu'il n'y a que la faute ou le vice qui
humilient ; mais que se rapprocher de son Dieu,
par la prière, c'est s'élever, puisque c'est rapprocher la créature de son Créateur.

Et puis les hommes qui ont créé les meilleures
institutions pour leurs semblables, n'étaient-ils pas
des hommes de caractère : pouvons-nous mieux
faire que de les imiter dans leur amour de Dieu
pour obtenir de devenir aussi nous-mêmes des
hommes de caractère !

Le laboureur et ses enfants.

Travaillez, prenez de la peine :
C'est le fonds qui manque le moins.
Un riche laboureur, sentant sa mort prochaine,
Fit venir ses enfants, leur parla sans témoins.
— Gardez-vous, leur dit-il, de vendre l'héritage
    Que nous ont laissé nos parents :
    Un trésor est caché dedans.
Je ne sais pas l'endroit, mais un peu de courage
Vous le fera trouver ; vous en viendrez à bout.
Remuez votre champ dès qu'on aura fait l'oût :
Creusez, fouillez, bêchez, ne laissez nulle place
    Où la main ne passe et repasse.
Le père mort, les fils vous retournent le champ,
Deçà, delà, partout : si bien qu'au bout de l'an

Il en rapporta davantage.
D'argent point de caché. Mais le père fut sage
De leur montrer avant sa mort
Que le travail est un trésor.

En France, on ne peut guère dire au peuple :
Travaillez. — Presque tout le monde est travailleur. — Mais ce qui est regrettable, ce qui est
plus fréquent que jadis, plus général, c'est la tendance à travailler à ses heures, en dilettante, à
temps et à contre-temps.

Si l'industrie est prospère, si, comme l'on dit
vulgairement, le commerce marche, on se permet,
trop souvent, quelques jours de noce et on ne rentre à l'atelier que le mardi, le mercredi, — au besoin en quatre jours, on fait sa semaine — on
oublie l'ordre et la prévoyance.

Aussi La Fontaine ajoute :

Prenez de la peine.

Voilà le plus difficile à comprendre — Cependant
n'y a-t-il que l'ouvrier qui soit soumis à la loi de
rendre de la peine ?

Le savant n'a-t-il pas des veilles avancées employées à chercher la solution des problèmes qui intéressent la science ? — Le futur polytechnicien n'a-t-il pas des nuits à passer sur ses cahiers, s'il veut réussir à ses examens ? — L'Officier sera-t-il estimé s'il obtient ses grades par les antichambres ? — Le commerçant n'a-t-il pas besoin d'une grande vigilance pour faire honneur à ses affaires ?

N'y aurait-il que l'ouvrier qui pût prendre ses aises, et travailler à ses heures ?

Le simple bon sens nous dit que nous devons prendre de la peine, être réguliers, car tout homme d'honneur sait qu'il est dépendant de son devoir.

Le poète dit aussi :

> « Gardez-vous de vendre l'héritage
> Que nous ont laissé nos parents :
> Un trésor est caché dedans. »

En lisant notre histoire, il est facile de nous rendre compte que nos ancêtres nous ont laissé un héritage de gloire et d'honneur, même dans nos époques de revers.

Le courage, la valeur, l'héroïsme, la générosité,

le dévouement, l'abnégation, se présentent à chaque page de notre belle histoire. Rien que dans notre conquête d'Afrique, le cœur français trouve, à chaque phase, des récits qui le remplissent de fierté et de joie ; au Tonkin et dernièrement en Chine, nos soldats ne se sont-ils pas montrés vaillants, hardis et généreux.

Si nous avons eu des héros dans la carrière militaire, nous pouvons être heureux d'en revendiquer aussi largement dans les bienfaiteurs de l'humanité : Les saint Vincent de Paul, les Belzunce, les abbés de l'Epée, les Fénelon, les Pasteur nous ont laissé une gloire bien enviée des autres peuples.

Tout cela c'est notre héritage d'honneur.

Si des hommes, aujourd'hui en trop grand nombre, veulent nier nos gloires et nos plus beaux souvenirs, qu'ils montrent donc s'ils ont produit autre chose que des discours, des guerres civiles ou des grèves fatales.

Pas un seul établissement de secours ou d'hospitalité qui ne soit une pâle copie de ce que le christianisme a produit sans bruit, avec le seul désir d'être utile.

Oui, un trésor de cœur est caché dans notre

France. C'est un trésor que l'on a ridiculisé en faisant de l'esprit mais en *perdant le bon esprit.*

> Creusez, fouillez, béchez, ne laissez nulle place
> Où la main ne passe et repasse.

Chose étrange! aucun de nous ne trouve étonnant que La Fontaine dise aux laboureurs : « ne laissez nulle place où la main ne passe et repasse » et nous sommes surpris, employés et ouvriers des villes, quand on nous dit : « prenez de la peine! »

Oui, s'il fait beau un lundi, vous entendez Auguste dire à Ernest : « Il doit faire bon à la Varenne, partons-nous à bicyclette faire une tournée ? » Et de là, le plaisir commencé les entraînera plus loin, pour rentrer quand il leur plaira.

Eh bien! je demande à ces mêmes ouvriers qui veulent la liberté de se promener, puisqu'ils ne sont pas payés — ce qu'ils penseraient de leur boulanger, de leur charcutier ou de leur épicier, si, lorsqu'à leur retour, leur femme se présentant pour faire les provisions, — lisait une pancarte disant : « Fermé pour cause de promenade à Saint-Cloud, Versailles ou Nogent. »

Je crois qu'ils ne seraient pas tendres dans leur

appréciations et qu'ils diraient : « Voilà de drôles de commerçants. » Et cependant ces commerçants ne pourraient-ils aussi répondre : « Me payez-vous quand il me plaît, comme vous, d'aller à la Varenne ? »

En somme nous comprenons très bien la peine et la rigidité pour les autres, mais nous nous rendons difficilement compte que chaque homme doit travailler avec peine pour mériter l'estime publique et surtout l'approbation de sa conscience.

On n'arrive à un bonheur relatif que par le travail régulier, persévérant, plus ou moins pénible, suivant les facultés qu'on possède.

Avant La Fontaine il avait été dit : « Tu gagneras ton pain à la sueur de ton front » et l'on a beau faire, cette loi sera toujours celle qu'il faudra subir. Mais Dieu permet que celui qui l'accomplit avec conscience y trouve de la satisfaction, de la joie, du bonheur même.

TRENTE-DEUXIÈME CONFÉRENCE

Cécile Bindard.

Je veux vous raconter l'histoire d'une jeune ouvrière intelligente et de bonne conduite, dont la
vie ne fut pas exempte d'épreuves, malgré de sérieuses qualités : — elle se nommait Cécile Bindard.

Pour bien vous présenter mon sujet, il n'est pas
indifférent que je vous fasse connaître sa famille et
le milieu dans lequel elle était élevée.

D'abord, le père, — Rodolphe-Maurice Bindard ;
un bel homme, toujours frais rasé, portant moustache et barbiche, l'air grave d'un ancien militaire, — soigné sans afféterie, voix bien timbrée,
parlant posément — un vrai solennel, bien pénétré
de son importance et de l'effet qu'elle produisait.

M. Bindard était ouvrier ciseleur, presque artiste, — quoique portant la blouse, on voyait de suite qu'il n'était pas le premier venu ; du reste cette blouse, un peu ouverte, laissait voir un gilet de drap noir et un faux-col bien empesé.

M. Bindard n'était pas un méchant homme, loin de là, — sa femme n'était point malheureuse ; il apportait ses paies régulièrement à la maison ; on faisait de suite la part de son tabac et de son café ; car M. Bindard avait son café ; — il était trop supérieur à sa femme pour se contenter de sa conversation, et puis là, il avait sa pipe *Kummer*, pour laquelle il avait presque un culte ; il était toujours flatté quand on lui disait qu'elle était artistement culottée.

Dans son café, M. Bindard était quelqu'un ; on l'écoutait quand il parlait (je crois même qu'il s'écoutait). C'était un homme de principes ; il avait vu trois révolutions pour la conquête de la liberté et il était si jaloux de la sienne, qu'il empiétait facilement sur celle des autres, presque sans s'en douter.

En second lieu vient Mme Stéphanie Bindard, créature douce par nature, qu'on avait mariée jeune, à Rodolphe Bindard. — Stéphanie était timide, soumise, résignée ; elle avait reconnu, dans M. Bindard, un supérieur légitime. Ce solennel époux n'avait pas cru devoir condescendre à étudier la jeune âme qui lui avait été confiée ; — il l'avait de suite dominée : n'en avait-il pas dominé d'autres ?

Du reste M. Bindard était un libéral ; — presque toujours, les libéraux sont des autoritaires, qui n'ont pu faire leur chemin et se dédommagent en réclamant toujours la liberté, qu'ils dispensent plus que sagement à ceux qui dépendent d'eux de près ou de loin.

Stéphanie Bindard, femme du sus-nommé, prit si facilement son rôle d'épouse soumise, que son mari s'habitua à trouver tout prêt, autour de lui, sans avoir à le désirer ; à ne recevoir aucune remarque, ni observation, de telle façon que son personnalisme, j'allais dire son égoïsme, s'augmenta si naturellement, qu'on aurait été étrange de s'en étonner.

De l'union de M. et Mme Bindard naquit une petite créature fraîche et rose plus tard blonde, qui reçut, au baptême, le nom de Cécile.

M. Bindard ne consentit à cette cérémonie, que

lorsqu'on pût avoir réalisé quelques économies, permettant de faire un dîner de famille, car pour beaucoup de ces hommes supérieurs, le baptème est l'occasion de faire une fête de famille ; c'est une habitude consacrée ; — leur réflexion ne va pas plus loin.

Mme Bindard put enfin déverser son amour sur un être qui savait lui sourire, — recevoir et lui rendre ses caresses et ses baisers ; — elle put, à son tour, donner une protection tendre et dévouée, maternelle ; en un mot, elle put satisfaire les élans comprimés de son cœur.

Rodolphe Bindard lui-même se montra sous un nouveau jour : il laissa voir, pour son enfant, une tendresse et une faiblesse qu'on ne lui connaissait pas ; il eut de la condescendance familière, jusqu'au jour enfin, où sa fille, pouvant lui gazouiller quelques mots, put le connaître et lui parler. — Il fallut dès lors ne plus l'élever que pour lui, la mère ne devant plus recevoir les caresses de l'enfant, ni lui montrer son amour que dans l'intimité.

L'enfant grandit, ayant l'amour et la crainte de son père : — elle ne le voyait pas si longuement qu'elle pût éprouver sa patience ; — du reste, elle se dédommageait de sa contrainte momentanée lorsqu'elle se retrouvait avec sa mère, celle-ci lui cédait d'autant plus, qu'elle ne voulait pas la faire plus pleurer que son père. — Stéphanie se résignait à n'avoir jamais que l'influence que donne un grand dévouement sur un bon cœur, — le père ayant réservé à sa dignité tout ce qui pouvait satisfaire sa vanité et la supériorité qu'il s'était reconnue.

Cécile Bindard apprit à l'école tout ce qui pouvait flatter ses goûts et sa petite vanité : — c'était une charmante enfant que l'on mettait, trop facilement, en évidence les jours de fête ou de distribution des prix. Elle chantait bien, déclamait encore mieux les poésies sentimentales ; — d'un accord muet, le père et la mère faisaient, sans réfléchir, tout pour développer son désir de paraître.

Elle arriva ainsi à onze ans, époque de la préparation à la première communion ; — elle suivit convenablement, à l'église, les instructions qui y étaient données ; mais en dehors de la maison de Dieu, elle retenait seulement de son père qu'il fallait apprendre rapidement son catéchisme, pour se débarrasser de sa première communion, afin d'entrer en apprentissage.

Il est facile de se rendre compte de la formation de l'âme d'une petite fille à qui l'on dit : qu'il faut se débarrasser d'un acte, qui devrait être considéré comme un moyen d'augmenter sa force morale, en perfectionnant les qualités de son caractère.

Le moment arriva où on revêtit la pure robe blanche pour la cérémonie solennelle du grand jour. — Le grand voile tant désiré, la ceinture de soie, le sac de moire blanche, le chapelet de nacre à croix d'argent ; — tous les hochets innocents qui font tant de plaisir à une enfant, lui avaient été prodigués.

A l'église, les orgues, les beaux et anciens cantiques, le chant ému de ces voix pures d'enfants ; cette atmosphère de pureté, d'émotion, de respect, tout agit sur cette assemblée. Cécile fit une respectueuse première communion ; — sa mère pleura d'une douce joie, Rodolphe sentit une larme couler sur sa joue et n'osa l'essuyer de peur qu'on ne la remarquât.

Puis l'encens se dissipa, les chants cessèrent, les orgues s'arrêtèrent ; les deux grands Suisses vinrent prendre la tête du défilé, pour la sortie — et par les deux grandes portes ouvertes, les jeunes enfants furent repris par leurs familles, qui les attendaient déjà, au dehors, sur la place, éclairée par les beaux rayons du soleil, qui semblait, lui aussi, vouloir participer à l'éclat de la fête.

La part de Dieu était finie, pour Rodolphe Bindard; quant à Mme Bindard, elle devait déjà penser au dîner qu'on avait offert, pour le soir, à la famille...

Voici maintenant Cécile en apprentissage; ici encore elle se montre facile, intelligente; elle semble avoir du goût; — même, en décousant les robes pour les transformations, elle se montre adroite. — Deux ans se passent : sa maîtresse en est si contente, elle sait si bien coudre, plisser ou froncer, qu'elle va lui montrer la coupe.

Naturellement elle commence à gagner un peu ; ce qu'elle rapporte lui est laissé pour sa toilette; aussi bien est-ce une ouvrière qui fait honneur à la maison : c'est elle qu'on envoie de préférence chez les clientes pour essayer. — Les dames l'accueillent bien, lui disent qu'elle est gentille, on la flatte un peu partout, on lui dit qu'elle se mariera bien; on a tort elle y pense déjà tant; elle rougit un peu de tous ces compliments ; mais cela ne lui déplaît pas ; elle module sa voix pour la rendre plus harmonieuse, fait des petites manières distinguées ; — en réalité elle est charmante ; la glace, où l'on essaie, le lui a déjà dit souvent.

Elle a seize ans et demi, bientôt dix-sept ; déjà les jeunes gens la regardent ; — un, surtout, a voulu lui parler, bien qu'avec beaucoup de réserve. — L'air honnête et sévère de Cécile l'a vite rappelé aux convenances. — Mme Bindard, autrefois bonne chrétienne, mais restée profondément honnête, a presque inoculé, à sa fille, ses principes d'honneur ; ils sont, du reste, puissamment soutenus par la crainte que lui inspire son père.

Le jeune homme se retrouve souvent sur la route de Cécile, il cherche à lui remettre une lettre qu'elle refuse vivement, en disant : « J'ai des parents, Monsieur, c'est à eux qu'il faut écrire. »

Le prétendant voit qu'il faut passer par la filière régulière, il s'enquiert des habitudes des parents : il vient au café où Rodolphe pontifie, il approuve ses déclarations de principes, et finit par obtenir la faveur de plusieurs parties de piquet. — Il est assez adroit pour savoir se laisser gagner deux fois sur trois par son futur beau-père.

Rodolphe Bindard devient presque aimable, avec ce jeune homme, si intelligent, — il se laisse aller à recevoir la confidence du jeune ouvrier, qui lui déclare qu'il aime sa fille d'un amour respectueux.

De ce fait, monsieur Bindard devient de plus en plus solennel ; il fait presque un discours au jeune homme sur la gravité du mariage ; il produit un tel effet, sur son futur gendre, qu'il s'en sent presque attendri lui-même. Cet homme sévère est tellement flatté de ce qu'il a dit, de l'effet qu'il a produit, qu'il se gagne lui-même à sa propre éloquence.

Lui, Bindard, est trop sûr de son jugement, de son expérience, pour avoir besoin de se renseigner. — Il dit quelques mots, dans sa famille, de la demande qui lui a été faite. — Mme Bindard elle, n'a que le droit d'approuver. — Cécile, qui a bien vite reconnu de qui il s'agit, accepte avec empressement.

Rodolphe prévient le jeune homme qu'il peut envoyer ses parents pour faire la demande et quelques jours après, le futur se présente avec un gros bouquet ; — il est un peu gêné, même ému ; — mais tout cela flatte l'amour-propre des parents.

— Cécile se remet de sa première émotion, elle est heureuse d'être l'objet de tant d'égards, de tant d'attentions, — elle est presque fière d'avoir été choisie par un Monsieur si bien, — pensez donc ! on dit qu'il gagne dix francs par jour ! puis, que de prévenances ; jamais on ne lui a parlé avec tant d'émotion dans la voix.— Oh ! quel bonheur ! pensez donc !...

Mme Bindard comprend qu'elle doit tout faire pour bien recevoir ce jeune homme, — préparer tout pour le mieux chaque fois qu'il viendra, afin que Cécile puisse bien faire la demoiselle, pendant que M. Bindard pontifiera.

Entre temps, on apprend, sans le chercher, que le futur a bien quelques dettes, que le jeune homme a déjà manqué deux mariages pour des raisons sérieuses.

Rodolphe-Maurice Bindard se fâche tout d'abord ; il menace même de tout rompre ; mais le jeune homme prétexte qu'il était jeune, — jusque-là, il vivait seul, sans sérieux conseils ; — il était garçon, il s'est laissé entraîner par la camaraderie. Mais il a acheté une conduite, depuis trois mois ! et puis, il ne connaissait pas Mlle Cécile, qui sera désormais son bon génie, son étoile.

Tout le monde est ému, Cécile a laissé tomber une larme et regarde son père — plaidoirie touchante ; son âge, son inexpérience ne lui permettent pas de voir plus loin : — le jeune homme est persuadé qu'il dit vrai ; du reste il ne peut manquer à sa bonne volonté que la persévérance. Puis Cécile a l'air d'avoir confiance ; — elle est gentille, travailleuse, honnête, aimante ; qui pourrait lui résister, elle fera tant et si bien qu'il sera un bon mari, que dis-je, il l'aimera presque trop ! ! !

Et puis Rodolphe Bindard trouve en somme que tout cela dure longtemps ; il a aussi souvenir qu'il a eu certaines petites choses dans sa vie, qui n'étaient pas parfaites. Quand à Mme Bindard, elle n'a comme toujours qu'à accepter le fait accompli.

Le mariage se fait : Cécile s'établit, le mari apporte ses semaines régulièrement. Quel bonheur ! — la santé est bonne, on a de l'ouvrage — on ne prend du plaisir qu'en famille, puis on dine chez Duval, deux fois par mois, ensuite on va au théâtre : — Quand on est invité à la noce, Cécile est la plus jolie : oh ! qu'elle est heureuse ! il faut bien profiter de sa jeunesse, on économisera plus tard !

Mais deux ans après, un enfant est venu, c'est un grand bonheur, mais qui prend tous les instants de Cécile ; on va moins au théâtre ; la jeune femme est obligée de se négliger un peu, on fait moins de petites fêtes à la maison ; Cécile ne peut plus, aussi souvent, jouer aux cartes avec son mari pour le retenir près d'elle ; elle est toujours occupée ; le mari a besoin de prendre un peu l'air.

Rodolphe Bindard vient rarement ; son gendre ne se gênait plus de le gagner régulièrement — il ne savait plus lui faire aucune concession. — Du reste le gendre ne pouvant plus prendre de plaisir avec sa femme, qui est maintenant jeune mère, fréquente un ancien camarade de jeunesse ; celui-ci l'entraîne à jouer au billard ; puis il lui raconte qu'il a fait de bons gains aux courses, qu'il a des tuyaux !...

Il va moins souvent à l'atelier, plus fréquemment aux courses, — après avoir souvent gagné, il perd et veut se servir de l'argent de sa femme ; — la femme se désespère et résiste ensuite au nom de son enfant. De là, scènes de ménage, puis raccommodements, pour recommencer ainsi, jusqu'à ce qu'on s'habitue à son mal ! — Dès que son mari fait quelques concessions, elle se retrouve heureuse, et pardonne tout ; mais qui a bu, boira ! qui a joué, jouera ! alors quelle existence ! ! ! — Du reste il eût été facile de savoir que le mari, jeune, était joueur. Cécile le confie à son père. Celui-ci prend un air doctoral et lui dit : « Ma fille tu es mariée, on ne doit pas se mettre entre l'arbre et l'écorce » — Suprême manière d'égoïsme. Ne plus souffrir du mal des autres, sous prétexte de discrétion, et surtout ne pas reconnaître qu'on a omis de faire les sérieuses démarches nécessaires aux renseignements utiles.

L'enfant de Cécile grandit ; mais élevé dans un tel milieu, il penche encore du côté de son père, qui, étant rarement là, a moins à gronder. Bref, cet enfant lui aussi devient un égoïste et la pauvre femme voit s'écouler son existence dans le travail et l'abandon de ceux qu'elle aime et qui la délaissent. — Elle a eu bien peu de bon temps, elle a vécu ensuite d'espoir trompé. — Voici maintenant venir la vieillesse avec ses privations inévitables et l'incapacité de travailler.

Alors ce sont les craintes de la misère ; le mari

s'est mis à boire et lorsqu'on le querelle de ce qu'il travaille peu et surtout ne rapporte rien, il parle de se détruire. — Le fils s'est marié en son temps, il a assez de ses soucis, à lui, sans s'occuper de ceux de ses parents.

Voilà donc l'histoire de cinq personnes dont on pourrait peindre l'existence, pour servir à l'étude de nombre de ménages d'ouvriers ou de petits commis. Chacune d'elles avec des qualités naturelles véritables, mais livrée à ses seules forces, sans aucun moyen de les perfectionner par une bonne éducation, chacune, dis-je, a perdu de sa valeur.

Voyons d'abord : Rodolphe-Maurice Bindard. — Il faut bien avouer que cet homme avait de sérieuses qualités. Travailleur, régulier, intelligent, vivant dans son intérieur ; convenable avec sa femme, ayant une certaine dignité ; — combien de femmes n'ont pas un mari pareil ?

Mais direz-vous, c'était un égoïste. — Oui, mais comment a-t-il été formé ? — une certaine philosophie à la mode, depuis 1830, a produit cette éducation. — « L'homme intelligent doit se diriger « lui-même, par lui-même, par le choix de ses lectures ». On lui à surtout préconisé

J.-J. Rousseau, Molière, au plus La Fontaine et alors vous voyez la formation de son cœur!

Puis Mᵐᵉ Bindard : femme timide, craintive, désirant bien faire ; mais son mari lui a dit, dès les premiers mois de mariage, qu'elle avait assez à faire chez elle sans aller tout le temps à l'église. — Vous voyez quelle invitation à la confiance, à l'épanchement de son âme dans celle de son époux. Il ne lui dit pas : je suis ton maître, ton Dieu, mais c'est tout comme : voilà une âme paralysée.

Enfin Cécile Bindard, bonne et heureuse nature, qui ne demande qu'à s'ouvrir, à s'épanouir, à perfectionner ses qualités : — Il y a bien la vanité, la coquetterie, l'amour des compliments, des louanges — mais qui n'a des imperfections, des défauts en germe et ne peut les dominer, les surmonter avec l'aide de bons conseils. Il me semble néanmoins que c'était une belle nature remplie de promesses.

Mais, où prendre les conseils nécessaires dans sa position? Elle trouve une mère contrainte, qui n'a la permission de lui témoigner son amour que lorsqu'elles sont seules. La religion, si poétique, qui agit tant sur les jeunes imaginations pour toucher les cœurs et obtenir de Dieu sa force, ne peut être représentée au foyer, Rodolphe Bindard se suffisant de sa religion d'honnête homme ! Quand Monsieur Bindard a parlé de sa religion à lui, la conversation doit s'arrêter là ; elle doit aussi suffire aux autres sans qu'ils la connaissent. Lui-même saurait-il la définir ?

Aussi, dans sa vieillesse, quelqu'un ayant demandé à Cécile Bindard : « Voyons si vous aviez eu un bon mari, un bon fils, auriez-vous pensé à « Dieu ? » « Oh ! non, répondit-elle, l'amour de « mon mari, de mon fils m'auraient suffi. »

Oui, mais Dieu qui nous a créés ne veut pas qu'on se passe de Lui ; voilà ce qu'il faut reconnaître, tôt ou tard, pour se repentir, ou expier son indifférence et cela sous peine de risquer son salut ! — Oublier Dieu, dans une famille, c'est en perdre la poésie, le soutien et la force !

Que de bonheur perdu, dans cette famille Bindard, par l'absence de la religion. — Le père, s'il eût été chrétien, aurait mieux compris toute l'étendue de son devoir, il aurait perdu de sa suffisante majesté, pour laisser parler sa tendresse, il aurait aimé à étudier les caractères de celles qu'il devait aimer, compris le devoir de se renseigner judicieusement sur les qualités sérieuses de l'époux à donner à sa fille ; il aurait constitué une famille au lieu de créer une réunion à son usage.

Par son exemple et ses concessions, il aurait essayé de maintenir son gendre dans une bonne voie et préparé l'éducation de son petit-fils. Il aurait au moins fait quelque chose de moral pour les siens.

N'avons-nous pas tort d'oublier Dieu, même au point de vue de notre véritable intérêt en ce monde ?

TRENTE-TROISIÈME CONFÉRENCE

Le premier citoyen.

Le meilleur citoyen d'un État est celui qui lui demande le moins et lui donne le plus. — Le plus grand citoyen est celui qui lui donne le plus de gloire.

Quelle est la plus belle des gloires? Est-ce celle qui satisfait le plus la vanité d'un peuple, ou celle qui produit, chez ses voisins, le plus d'admiration pour ses vertus?

Sans parti pris, et sans vouloir rien retirer au mérite des grands hommes qui ont mis la France au premier rang des nations, — si nous laissons parler le langage du bon sens et de la vérité, nous reconnaîtrons que la gloire procurée par nos grands saints Français a été souvent plus profitable à notre pays que celle des conquérants.

En effet, les résultats que cette gloire a produits ont été plus durables ; car les saints n'ont pas agi seulement sur une époque, mais sur des siècles. Ils ont inspiré à tous avec le respect de soi-même, l'art de combattre ses faiblesses ou ses vices, l'élévation des sentiments, la crainte et l'amour de Dieu sans lequel aucune nation ne peut avoir une réelle vitalité.

Saint Denis, en venant le premier prêcher à Paris, ne nous a-t-il pas apporté les bienfaits de la civilisation chrétienne ?

Sainte Geneviève, inspirée par Dieu, arrête le barbare qui venait piller Paris. — Saint Loup rend le même service à la ville de Troyes. — Saint Landry fonde l'Hôtel-Dieu pour y recevoir les malades.

Saint Vincent de Paul fait naître l'émulation dans la charité par les fondations les plus utiles et les plus généreuses : — Assistance des enfants abandonnés, création d'hôpitaux, de refuges pour les délaissés, de visite des pauvres à domicile, rachat des captifs algériens ; il obtient l'assainissement des bagnes, auxquels personne ne pensait. Pour perpétuer ces œuvres. Il s'associe des prêtres qui vivent, avec lui, dans la pauvreté, en prêchant des missions dans les campagnes, dans les quartiers pauvres et même aux forçats. Enfin il établit ces sœurs de Charité dont le seul reproche à leur faire, s'il en était un, serait leur nombre encore trop restreint, ne leur permettant pas de consoler encore plus de misères !

Voilà ce qu'ont fait des saints : — combien d'autres seraient faciles à nommer, dont les bienfaits nous restent.

Refusera-t-on parce qu'ils étaient des saints de reconnaître les services qu'ils ont rendus à leur Patrie.

Et tout cela a été fait sans bruit, sans la moindre idée de récompense humaine : ne sont-ils pas vraiment les premiers citoyens d'un Etat.

De plus tous ces résultats ont été obtenus par leur dévouement et leur sacrifice. Ce dévouement et ce sacrifice ont enfanté des imitateurs, des missionnaires, qui vont porter au loin le nom de la France en évangélisant, et des Filles de la Charité de tous ordres, qui la font bénir.

Si le sang doit couler, c'est le leur qu'ils offrent en expiation ; toujours pénétrés de cette pensée que le sang des martyrs est fécond pour la gloire de Dieu et le salut du genre humain.

TRENTE-QUATRIÈME CONFÉRENCE

De l'Ordre.

L'un de mes amis me pria, un jour, de l'accompagner dans une famille à laquelle il portait un grand intérêt et où il pouvait se présenter, à toute heure, comme un père ou un vieil ami.

Après les compliments d'usage suivis d'une conversation intéressante, le mari m'invita à rester à dîner, pour continuer notre entretien et me présenter à sa femme.

La maison était fort bien tenue, sans luxe il est vrai ; mais avec un confortable discret, une certaine simplicité qui, d'ailleurs, n'excluait pas un bon goût et un soin de toute chose.

On pressentait que tout devait bien se passer là, car l'œil vigilant d'une femme bien élevée avait tout prévu, et d'autant mieux prévu, que rien n'y faisait sentir l'effort ni l'apprêt, quoique tout fût bien présenté.

La table, dans sa discrétion, était parfaitement mise : les mets, quoiqu'ordinaires, comme menu, étaient bien préparés, le service bien fait, le vin de bonne qualité, le dessert varié et de premier choix.

Le chef de maison et sa femme étaient mis simplement ; mais cette simplicité, dont la coupe provient des bons faiseurs, doit faire pincer les lèvres quand on en reçoit la facture.

Pendant le dîner, la conversation continua à être agréable, les réflexions de Monsieur et de Madame étaient si judicieuses que j'enviais le bonheur de ces personnes.

Quand nous prîmes congé de nos hôtes, je les remerciai avec empressement de l'honneur qu'ils m'avaient fait en me recevant si cordialement.

En accompagnant mon ami, je lui témoignai la satisfaction que j'éprouvais d'avoir été présenté dans un si bon intérieur.

Mais lui, moins enthousiaste, réservé même, me dit : « Mon ami, il est bon de profiter des leçons partout où l'on peut en tirer avantage ».

« Vous avez été reçu, ce soir, chez des personnes bien élevées, de mérite même ; des gens ordonnés, soigneux, que l'on pourrait appeler des modèles d'ordre, si cette vertu pouvait être complète sans l'économie. — Cette partie de l'ordre n'a pas été comprise par ce ménage. — Les personnes que vous avez admirées sont bonnes, rangées, ordonnées ; leur conversation sensée a charmé votre jeune expérience. — Elles ont raisonné devant vous et vivent comme si elles possédaient dix milles livres de rentes et je sais pertinemment que le mari ne gagne que huit mille francs. — C'est donc, malgré la sagesse de leur raisonnement, une simplicité qui coûte son prix ! et un déficit de deux mille francs par an, que vient combler la dot de Madame et cette dot n'était que de vingt-cinq mille francs.

« Le mari n'a apporté, de son côté, que le revenu de sa place, ce qui eût été suffisant si, avec les qualités d'*ordonnancement* et de soin, on avait pratiqué l'économie.

« Donc, marchant avec deux mille francs de
« déficit en bonne santé, sans enfant, sans faire de
« réserve pour la vieillesse, combien de temps du-

« rera cette prospérité? quels seront les vieux
« jours ? » Pour moi, qui aime ces enfants et
cherche à glisser quelques conseils, qu'on a l'art
d'esquiver avec la plus grande finesse, je ne peux
me faire d'illusion et je souffre qu'on ne veuille
pas se gêner et sans la gêne qu'impose l'économie,
il n'y a pas d'ordre réel !

Qu'est-ce donc véritablement que l'ordre ?

L'ordre est une vertu qui contribue à l'aisance
et au bonheur de l'homme : elle se divise en trois
parties qui sont : l'*ordonnancement*, le *rangement*
et l'*économie*.

Quelques personnes en donnent cette définition ;
une place pour chaque chose et chaque chose à sa
place : — un temps pour chaque chose et chaque
chose en son temps.

L'ordonnancement est cette partie de l'ordre
produite par une sage réflexion, dans laquelle on
prévoit les différentes phases de la vie, heureuses
ou malheureuses, et ses divers besoins : Par
l'ordonnancement, non seulement on voit, mais
on prévoit.

Chose étrange, on admet que les États doivent
avoir leur budget et on oublie que chaque homme

a un petit état à diriger et doit aussi en régler les dépenses.

En général, celui de toutes les nations, aujourd'hui, les conduit à une dette publique considérable. — Beaucoup de citoyens imitent les États et ont des dettes démesurées, qui les exposent fréquemment à de grandes déceptions, souvent à la misère ou au mépris public.

Il est donc sérieux et prudent de faire le budget de sa vie et d'abord, celui de chaque année. — On doit établir sagement son gain ; mais non comme l'homme qui, gagnant dix francs par jour, oublie qu'il ne les reçoit pas généralement le dimanche ni les jours de chômage, tandis que chaque jour, il a ses frais de nourriture, de logement et d'usure. — Il faut réfléchir que s'il y a un été, il y aura un hiver, qui exigera pour l'ouvrier des vêtements plus chauds, plus résistants, de bonnes chaussures ; — pour l'homme aisé, des dépenses plus considérables ; mais, tous doivent surtout penser à l'hiver de la vie.

Enfin on doit prévoir les entraînements que peut amener le plaisir et la camaraderie.

Car l'ordre moral est très essentiel pour obtenir l'ordre matériel.

Entre ouvriers, il est difficile d'échapper à plusieurs tournées le jour de la paie. — Ces pauvres travailleurs, à qui des hommes capables mais ambitieux et trompeurs ont fait perdre le sens commun de l'ordre, croient faire usage de leur liberté en s'émancipant des règles du devoir ; on les passionne pour s'en servir comme de marche-pied.

D'autres, sans être aussi ordinaires, faute de prévoir leur entraînement au luxe, au jeu, au plaisir, s'exposent, quoiqu'avec plus de tenue extérieure, à des désordres de conséquences plus dangereuses ou plus scandaleuses.

Après l'ordonnancement, première division de l'ordre, vient le rangement ou le soin.

Combien, trop souvent, des jeunes gens bons, honnêtes, rentrant dans leur hôtel, après une partie de canot, de bicyclette ou de marche forcée, se jettent tout habillés sur ce qu'on appelle, en plaisantant son « poussier ». — Le lendemain les vêtements sont fripés, le chapeau défoncé. — C'est ainsi qu'on s'expose si l'on doit assister à une petite fête, à y paraître plus que négligé et aussi à être écarté d'un emploi qui exige un jeune homme ayant une bonne tenue.

Le soin d'appendre ses vêtements, de les mettre en place, produit une grande économie. — C'est ici le cas de dire : « Une place pour chaque chose et chaque chose à sa place ». Pour avoir une place pour chaque chose, rien n'est plus utile que d'avoir un petit logement tenu proprement, soigneusement, je dirai même coquettement.

Il faut pouvoir se plaire chez soi, aimer à y rester, à y recevoir quelques amis et à s'y récréer.

Une petite bibliothèque composée de livres sérieux, honnêtes, instructifs et même récréatifs, est très utile pour éviter l'ennui et compléter son éducation. — Il est avantageux de conserver ses livres de classe ; on les connaît mieux que tout autre et on les consulte plus facilement, quand le besoin fréquent se fait sentir d'y puiser un renseignement.

Enfin, après l'ordonnancement et le rangement, vient l'économie.

C'est la partie la plus vertueuse de l'ordre, parce que c'est elle qui nous fait prendre courageusement les décisions sévères qui doivent restreindre les dépenses qui ne sont pas absolument utiles.

Si l'on se tient bien, en sachant éviter le luxe de mauvais goût ou les petites fantaisies coûteuses, on arrive facilement à faire quelques *petites économies très pénibles, même dures, au début,* mais qui donnent le goût de l'épargne et produisent déjà de petits bénéfices.

Aujourd'hui, à tort, on dédaigne *la petite somme, on ne veut pas acheter moins qu'une obligation* d'un seul coup, et comme c'est difficile, on ne commence pas. Cependant 25, 50 ou 100 francs pourraient nous être plus qu'utiles, à certaines heures, où nous manquons de tout.

Les personnes qui ne savent pas se priver arrivent au moment fatal, à risquer leur capital diminué dans des placements hasardeux ou véreux, puis à emprunter. — Souvent elles s'engagent avec des gens qui ne vivent que d'expédients et elles finissent par se compromettre dans leur compagnie. — On devient habile, dans le sens d'indélicat ; on veut se persuader que les fraudes, les pots-de-vin ne seront pas découverts.

Enfin, on entre dans la phase des raisonnements spécieux du « Tout le monde le fait » ; on s'aveugle volontairement, jusqu'au jour où le déficit est devenu trop considérable ; alors on mesure l'abîme dans lequel on s'est jeté et dont on n'espère plus se dégager qu'en devenant indélicat, malhonnète, ou en se suicidant.

A ces personnes, il n'a manqué que la troisième partie de l'ordre : l'économie qui enseigne à se priver quand même, pour faire honneur à ses affaires.

Se priver ! oui ; mais, comment se priver aujourd'hui que tout parle de confortable, de vie facile et de plaisir ?

Se priver ! oh non ! — ordonnancer, régler ses dépenses, oui... — mais, se priver, c'est se gèner, c'est ce que dit la religion — et si l'on a délaissé la religion, c'est pour avoir ses aises, et non pour se gèner.

Se gèner, quoiqu'on en pense, c'est pourtant la loi de la vie ; il faut se gèner pour équilibrer son budget, non seulement quand on a de petits appointements, mais même quand on a 10.000 livres de rentes, puisque nous apprenons fréquemment que des gens qui les ont possédées se sont ruinés dans le désordre.

Se gèner, il le faut pour obtenir ses grades

ivils ou militaires, pour faire sa position dans le ommerce, pour conserver son bonheur dans la fa- iille, pour garder sa santé, sa réputation, sa dignité.

Tout d'abord, cela répugne à la nature ; au dé- ut, il semble que ce soit impossible.

Quand on met un enfant au trapèze, — pendant es premiers jours, son corps se brise ; il éprouve es fatigues inconnues, des tiraillements dans tous es membres ; — il semble qu'il ne pourra conti- uer ; mais, patience ! avec un peu de persévérance a fatigue sera moins sensible, les muscles seront lus résistants, le corps deviendra plus souple, et e qui paraissait si pénible deviendra une récréa- ion ; on fera même avec grâce les exercices our lesquels on n'avait que de la raideur. — La êne sera devenue un besoin et aura augmenté es forces de l'enfant.

Ce qui se passe au physique se produit au noral. L'homme habitué à se commander finit ar prendre tant de pouvoir sur lui-même, qu'il oumet son corps à la raison, aux convenances, u dévouement même, à ce point qu'il finit par roire se manquer à lui-même, — s'il n'est prêt à e gêner pour être utile à son semblable.

Mieux que la raison, la religion nous fait comprendre le besoin de nous gêner, pour avoir de l'ordre ; — elle commence par enseigner à tous, patrons et ouvriers, qu'il y a un temps pour chaque chose et que le temps consacré à Dieu doit être respecté, qu'il faut faire chaque chose en son temps.

Si on sait garder l'ordre du repos du dimanche, on apprend, au commencement de la semaine, à réfléchir à la valeur de chaque chose, à mesurer la portée de ses actes, à s'arrêter si l'on est dans une voie fâcheuse, à revenir à Dieu si l'on s'en est détourné, à mettre l'ordre réel dans sa vie pour arriver au bien.

TRENTE-CINQUIÈME CONFÉRENCE

L'art de se gêner.

L'homme le mieux élevé, le meilleur maître de maison, est celui qui s'est tellement habitué à dominer son tempérament, son caractère, que chaque personne qu'il reçoit semble lui être agréable.

Lorsqu'on dit d'une personne qu'elle est aimable, gracieuse, obligeante, on oublie trop facilement qu'elle a dû s'exercer longuement à se dominer pour acquérir ces qualités.

Il paraît très difficile, à première vue, d'admettre qu'il faille apprendre à se gêner, que l'on doive se gêner. — Cependant, tout le monde est forcé de le faire, un peu plus tôt ou un peu plus tard. — L'enfant doit, dès l'âge le plus tendre, apprendre des rudiments qu'il ne désire pas connaître ; le jeune homme doit faire des veillées nombreuses et avancées, s'il veut réussir à ses examens.

Le commerçant, l'industriel ont de telles responsabilités, s'ils veulent prospérer dans leurs affaires, qu'ils sacrifient leur repos et se gênent à ce point qu'ils perdent le repos du dimanche.

Le militaire pour être digne de son nom, de la confiance que la Nation met en lui, pousse l'art de se gêner jusqu'au sacrifice de sa vie pour mériter la croix d'honneur ou tomber glorieusement.

Qui ne sait se gêner volontairement doit subir la loi de la gêne.

Rien n'est plus dépendant que l'homme qui veut, à tout prix, être indépendant.

Faut-il des exemples?

Qui est sûr d'un gîte, s'il ne s'est gêné longtemps pour économiser son loyer?

Qui est sûr de son pain s'il ne s'est imposé la prévoyance qui est une gêne?

Qui connaîtra le bonheur de la paternité heureuse, s'il ne s'est pas préparé au mariage? — Qui aura une vieillesse tranquille et honorée, s'il n'a pas, toute sa vie, fait, au moins, de petites et sévères économies?

Tout homme honorable doit s'imposer la gêne que demandent les obligations de son état. — Et, il faut bien le reconnaître, *les prisons, les pénitenciers sont remplis de gens qui n'ont pas voulu accepter les gênes de la vie.*

En réalité, quels sont ceux qui se gênent? — Les pères de famille, les ouvriers honnêtes, les savants et tous les hommes de mérite.

Ceux qui ne voudraient pas se gêner, sont : les paresseux, les gourmands de vins ou de liqueurs, les « noceurs » et les gens innomables.

Nous sommes souvent très illogiques. — Nous admettons que, pour avoir une bonne armée, il faut qu'elle soit habilement exercée ; — nous comprenons la nécessité d'une discipline juste, mais sévère. — Par contre, nous voudrions que dans la vie civile, tout fût facile, agréable, relâché même. Est-ce là de la logique? est-ce même du bon sens?

J'ai connu des collègues, très bien doués, dont la loi dominante était la satisfaction de leurs désirs ; aujourd'hui, ils n'ont même plus la force de s'imposer le travail qui doit les nourrir. — Beaucoup trop de jeunes filles ont voulu du luxe, du plaisir et peu de peine ; — aujourd'hui, les hommes ne veulent plus se gêner en les épousant.

Enfin, l'amour maternel n'est-il pas un ensemble de gênes, de sacrifices et de souffrances que la mère accepte avec empressement. — Son enfant lui est d'autant plus cher qu'il lui a plus coûté. — C'est le résumé de ses sacrifices pour cet être chéri qui constitue son bonheur.

N'est-ce pas là l'image belle, touchante et vraie de ce que procure à chacun la satisfaction du devoir accompli ? — Ce devoir accompli, n'est-ce pas l' « Art de se gêner ? »

Aussi, l'Évangile qui nous enseigne l'amour des pauvres, des déshérités, a-t-il compris la gêne que nous devons nous imposer pour dominer notre nature et la diriger vers le bien.

Notre-Seigneur savait si bien que la gêne nous est peu naturelle qu'il a promis de récompenser, au centuple, l'offrande d'un verre d'eau froide donné, en son nom, au plus petit des siens. — Cette sollicitude du Sauveur pour les affligés et les faibles nous montre, d'autre part, combien il serait regrettable que ceux-ci oublient Celui qui les a tant aimés.

Ils renonceraient à leur meilleure protection, à leur plus ferme soutien, à leur plus sûre espérance ; — ils préféreraient le désespoir, le néant à la vie, à la justice, à la récompense de Celui à qui a souffrance de la croix n'a pas paru trop grande our sauver le monde.

TRENTE-SIXIÈME CONFÉRENCE

Du Luxe.

On a presque toujours des idées préconçues sur le LUXE. Beaucoup de personnes, *a priori*, le condamnent.

1° Qu'est-ce que le luxe ?

Le luxe est la représentation de la surabondance des richesses des nations ou des individus ; — qu'il s'agisse des richesses de la nature ou des richesses de l'industrie.

On dit : nature luxuriante, de celle qui dépasse la beauté ordinaire de la nature ; qu'on parle de fleurs, de fruits, de pâturages ou de moissons. — On appelle aussi industrie luxueuse, celle qui produit les merveilles les plus appréciées pour leur richesse, leur art, leur goût, leur délicatesse. — Le luxe est donc véritablement une surabondance, et non pas, comme on le croit souvent, une exposition désordonnée ou factice de richesses supposées ou mensongères, une envie de paraître à tout prix, même quand le désordre ou le déshonneur peuvent en être la suite. Il en est du luxe comme de tout; il a son utilité et aussi son danger, quand il est faussement appliqué.

2° *Le luxe est-il un mal ?*

Par lui-même, non, puisque le Créateur l'a mis dans la nature. — En plus de ce qui nous est nécessaire pour notre nourriture et nos besoins, — nous avons les fleurs et les fruits, les arbustes, les méandres gracieux des cours d'eau, les collines, les effets de lumière, les levers et les couchers de soleil.

Puis, les oiseaux variés à l'infini, leur chant, leur vol, et nombre de beautés que je ne puis citer, mais qu'on appelle les charmes de la nature.

L'industrie de l'homme produit des merveilles qui sont, comme celles de la nature, bonnes en soi, mais que, trop souvent, la malignité de l'homme détourne de leur but par une mauvaise application.

3° *Le luxe est vrai ou faux, de bon ou de mauvais goût.*

Le luxe est vrai, quand il représente une surabondance réelle, et surtout quand cette surabondance est bien appliquée ; quand il sert à donner plus de pompe aux cérémonies, destinées à élever le sentiment du respect envers la divinité ; — quand il sert à honorer les gens de mérite, d'honneur, de science, et les bienfaiteurs de l'humanité, à quelque classe de la société qu'ils appartiennent.

Le luxe est utile chez les individus quand il représente réellement la position qu'ils occupent et les oblige ainsi à faire des dépenses ordonnées devant servir à procurer du travail aux moins riches, et même à leur donner de l'aisance.

Qu'une personne se rendant à l'église ait un luxe simple et de bon goût, elle inspirera un sentiment de respect utile à tous ; elle fortifiera les bonnes dispositions de la masse, et n'excitera pas contre elle le sentiment de l'envie, parce que ce luxe semblera le privilège de la vertu. — Mais, au contraire, le luxe est mauvais s'il sert à parer les courtisanes ou les licencieux. — Là, il excite l'envie du pauvre, voyant que ceux qui sont fêtés ne doivent leurs succès qu'à leur physique, à leurs charmes extérieurs ou à leurs vices.

La fille du peuple, regardant la courtisane parée, sait bien qu'elle ne doit pas ses succès à son mérite; elle n'est que trop tentée de se dire qu'avec moins de vertu, elle aurait les mêmes plaisirs.

Le luxe est mauvais, quand il ment sur la situation de l'individu, dans sa mise, sa table, ses plaisirs. — Le luxe est mauvais, quand les nations couvrent leurs mandataires de broderies ou de pierreries, et que le peuple, chargé d'impôts, n'a pas le nécessaire. — Les nations asiatiques nous en ont toujours donné l'exemple. — Ne peut-on pas craindre, aujourd'hui, que certaines nations d'Europe, par leur budget disproportionné, ne soient dignes des critiques sévères faites aux peuples d'Orient?

4° Cependant, faut-il du luxe?

Oui, je ne crains pas de le dire, il faut du luxe. — Si quelques sujets choisis et méritants veulent s'en passer pour contrebalancer ce que les prodigues et

les désordonnés font de tort aux pauvres, aux affligés, — il faut reconnaître que la généralité n'est
pas appelée à cet état de vie qui s'élève au-dessus
des instincts de la nature.

Chacun doit vivre en rapport avec la position
qu'il a su se créer honnêtement et se rappeler que,
dans toute bonne société, le riche est le réservoir
de la fortune publique. — Tout homme est créé
pour vivre, à tel ou tel degré de l'échelle sociale,
en travaillant pour acquérir des mérites ; mais il
doit vivre. — Le luxe vient aider naturellement à
cette loi de la création. — Si le riche ne dépensait
pas, s'il se contentait du vêtement et de la demeure
du pauvre, que deviendraient les ouvriers habiles,
les artistes, le culte du beau, de l'art, de l'esprit
d'invention ?

Les habiles, n'ayant que du travail ordinaire, le
feraient plus vite et mieux que les « petites mains ».
Il n'y aurait que peu d'ouvrage, et les gens ordinaires ou inhabiles redeviendraient esclaves.

> « De la vertu, pas trop n'en faut.
> « L'excès, en tout, est un défaut. »

Si les pays vignobles ne donnaient pas plus de

in à boire à leurs ouvriers que les pays pauvres, a vigne serait souvent négligée, et produirait noins. — Si les pays industriels ne payaient pas nieux leurs ouvriers que ceux où l'on se remue eu, quel encouragement y aurait-il pour le tra- ailleur à chercher à mieux faire ?

Les passions de l'homme aident au mouvement e la création ; la vertu est si rare que peu de su- ets auraient le mérite de faire effort par pur attrait.

Le grand art est de sagement diriger les passions our produire le bien.

Il y a un luxe, toujours permis, que nous négli- eons trop ; c'est celui de la propreté, du soin, de 'ordre, de la bonne conversation. — Combien de alais, d'habitations riches, n'ont qu'un luxe dé- radé, de mauvais goût, où l'on se trouve moins à aise que dans une simple demeure tenue par une emme d'ordre, soigneuse, douce et bonne ; — implicité qui a un parfum d'honnêteté, d'aisance, e vertus domestiques. — Ces demeures donnent e goût de l'ordre, de la propreté, et surtout l'amour e l'intérieur, de la vie de famille dont on s'est trop 'loigné.

Nous ne pouvons revenir à ce grand bien qu'en

réfléchissant aux moyens qui le donnent : le respect du devoir, l'amour des parents — et par dessus tout, l'amour de Dieu, qui nous élève au-dessus des instincts matériels, pour nous faire apprécier ce qui est beau, grand, généreux et dévoué. Lui seul est digne de l'intelligence et du cœur de l'homme ; — Dieu seul développe les plus nobles passions.

TRENTE-SEPTIÈME CONFÉRENCE

Le Progrès.

Il y a un siècle, pour s'éclairer, on se servait de chandelles, même pour les grandes fêtes, puis vinrent les lampes de M. Quinquet ; celles du fabricant Carcel, les bougies, le gaz et enfin le dernier mot du progrès : l'électricité, la lampe électrique.

Autrefois, pour communiquer sa pensée, il fallait, suivant la distance, attendre des semaines, des mois : maintenant, par l'électricité, quelques minutes suffisent. Bien plus, le téléphone nous fait entendre la voix d'un ami comme s'il était près de nous.

Par le progrès, aujourd'hui plus de famine ; le télégraphe nous fait savoir, de suite, où il y a des blés et par les magnifiques steamers, ils viennent d'Amérique, d'Asie, en quelques semaines.

Par le progrès, la Science n'est plus l'apanage de quelques-uns ; les écoles se sont multipliées et sont mises à la disposition de tous.

Donc plus de famine, d'ignorance, le progrès partout.

Par le progrès, l'intelligence a vaincu la force.

Un ressort, une clé, un levier suffisent pour donner le mouvement à des machines énormes, à des vaisseaux plus peuplés que des maisons ; — tout est donc devenu possible, nous devons avoir supprimé la fatigue, les durs labeurs.

La vie doit être plus facile, nous devons, ainsi, avoir trouvé le bonheur!...

Je parais plaisanter et, cependant, le bonheur devrait être la conclusion logique du progrès.

Mais l'homme est habile à troubler ce qu'il touche et pendant que les uns travaillent au bien, — d'autres se servent des meilleures idées pour les appliquer au mal.

Si le progrès est réel dans les choses physiques et matérielles, le progrès moral a été négligé en rapport direct du chemin que faisait le premier.

Aussi, nous voyons presque toutes les innovations servir en même temps et le bien et le mal.

La lumière qui devrait nous protéger, quand celle du soleil s'est retirée, est, pour ainsi dire, plus employée au plaisir qu'au travail.

L'homme fait de la nuit le jour ; — il est encore au repos, quand le soleil, de nouveau, vient l'éclairer.

Malgré les transports faciles, l'ouvrier peut difficilement, le dimanche, voir la campagne.

D'abord parce que, très souvent, il travaille, — malgré les nombreuses machines qui, produisant en quantité, devraient lui assurer du repos. — Si bon marché, d'ailleurs, que soient les transports, leur prix n'est pas proportionné à la dépense que l'ouvrier peut faire pour lui et sa famille.

Pour ce qui est de la famine, si elle n'est plus locale, elle est fréquente dans les milieux pauvres, soit que l'ouvrage soit peu payé aux femmes, soit que l'inconduite, devenue générale, fasse que les poisons sucrés prennent l'argent destiné à la nourriture.

La chimie, la physique, qui nous ont enrichis de tant de découvertes, nous ont aussi donné la mélinite. — Les armes meurtrières ont été trop perfectionnées.

Si les guerres ne sont pas plus fréquentes, c'est que le nombre des victimes effraie d'avance les chefs responsables de tant de maux et que chacun se demande si sa nation ne sera pas la plus cruellement frappée.

L'instruction, s'étant écartée de l'éducation, a déclassé les hommes les plus ordinaires, — ils ne l'ont pas voulue pour se perfectionner dans leur état mais pour quitter leur état.

L'orgueil a remplacé l'éducation et chacun a tellement méprisé les conditions modestes que l'on ne trouve plus qu'une place pour 200 institutrices. Une femme, faisant des ménages ou vendant des poissons, gagne plus facilement sa vie que presque toutes ces personnes instruites.

Le progrès existe cependant ; nous sommes plus· intelligents que jamais, et, cependant, le bon sens public a baissé.

Peu de gens peuvent supporter leur position difficile : aussi, le suicide, l'inconduite et l'alcoolisme sont en plus grand progrès !

Il faut donc reconnaître que le progrès moral a été trop négligé et que, malgré l'élévation des salaires, l'ouvrier souffre — les femmes subissent des

privations réelles : les enfants manquent du nécessaire et préparent par défaut de morale une société
dangereuse.

Faut-il dire que le progrès n'est pas réel ? ce serait mentir. Mais il faut reconnaître que depuis
longtemps il s'est développé sans Dieu, quand il
n'a pas été poursuivi contre Dieu.

L'homme a renouvelé la faute du Paradis Ter-
restre. — *Si vous mangez de ce fruit vous serez
comme des dieux.*

On a voulu persuader au peuple que la science,
le progrès physique lui feraient dominer Dieu, qu'il
serait son Dieu.

Aujourd'hui malgré les progrès les plus mer-
veilleux de la science et de l'industrie, l'homme
est cependant malheureux ; parce qu'il est révolté, impatient de posséder le bonheur sur cette
terre.

Il l'attend d'heure en heure et le sent s'échapper
d'instant en instant. Alors il ne le conçoit plus que
par une crise sociale, qui satisfera sa fièvre ; —
mais la fièvre passée, il constate qu'à la force d'un
moment, succède la faiblesse ou la mort. — *On ne
brave pas Dieu sans se tromper soi-même !* — Sans

lui on ne détruit pas les maux, on les change, mais on en souffre toujours.

Malgré les progrès admirables de la science, de la mécanique, de la chimie, de l'électricité, — l'homme souffre toujours.

Malgré les machines puissantes qui augmentent la production et devraient, de ce fait, permettre du repos, l'ouvrier travaille toujours le dimanche comme s'il était une machine à travail.

Point de repos pour lui, point de vie de famille ; — éloigné de sa femme et de ses enfants, ils s'expose aux plaisirs qui l'en détournent.

Le jeu, l'alcool deviennent ses maîtres, — il s'habitue à une vie factice et néfaste.

Pendant que les machines se perfectionnent, l'homme seul n'a pas suivi le progrès : — le corps a dominé l'esprit ; — l'esprit ne reconnaît plus l'âme.

La vérité est dans l'harmonie du progrès de l'âme et de la matière, mais d'abord dans le progrès de l'âme qui a été créée supérieure par Dieu. C'est elle qui est à son image ; c'est elle qui élève les sentiments et nous fait progresser vers Lui, qui est l'idéal du progrès.

TRENTE-HUITIÈME CONFÉRENCE

De la mémoire.

La mémoire est une des plus belles et des plus utiles facultés. Il serait difficile de trouver un homme supérieur qui ne fût favorisé de ce don. — Un travail double est nécessaire à celui qui en est privé. — Tous ne le possèdent pas également.

La mémoire vive, spontanée est celle qui s'assimile, à première lecture, les richesses qui lui sont présentées. — Elle est dangereuse parce que ceux qui en sont doués comptent souvent trop sur eux-mêmes et ne travaillent que peu ou point. — Ce qu'on a appris si aisément se perd souvent avec la même facilité.

Vient ensuite la bonne mémoire, celle qui demande certains efforts. — La peine qu'on a prise trouve sa récompense dans la durée du souvenir : c'est la vraie mémoire.

Enfin il y a la mémoire rebelle qui ne permet pas de faire des études ; souvent elle est le résultat de l'insouciance.

De même qu'il y a différentes mémoires, il y a aussi plusieurs sortes de reconnaissances. — *Car la reconnaissance est la mémoire du cœur.*

Combien de fois des gens, qui vous remercient avec enthousiasme, — vous embrassent même pour un bienfait reçu — oublient après peu de temps que vous les avez obligés. — La vivacité de leur reconnaissance était réelle, dans le moment, mais elle s'est éteinte comme elle s'était enflammée. — C'était la mémoire spontanée. — La vraie reconnaissance, comme la bonne mémoire, est rarement si démonstrative : — elle s'incruste dans le cœur et longtemps après, on l'y retrouve, vivace et dévouée.

Enfin il y en a qui n'ont point la mémoire du cœur et n'en sentent même pas la privation. — On dit vulgairement que ces gens n'ont même pas la reconnaissance du ventre. Cela signifie réellement qu'ils n'ont même pas le sens de leur intérêt naturel. — Ils devraient penser qu'ayant eu besoin d'un aide, d'un secours, d'une protection, — leur intérêt serait de se ménager le moyen de retrouver ces faveurs si la nécessité s'en faisait sentir. — Ils sont bien à plaindre de n'être pas mieux doués et de ne pas le comprendre.

J'ai connu un ingénieur qui, ayant obtenu un bel emploi sur la recommandation d'une personne, ne pensa à la remercier que deux ans après, en faisant un voyage à Paris. — Lorsqu'il se nomma on lui répondit : « Nous avons recommandé un jeune homme de ce nom : nous n'avons pas eu de ses nouvelles — nous ne désirons pas le connaître. »

Un garçon de magasin était venu solliciter, plusieurs dimanches de suite, un bienfaiteur pour qu'il s'occupât de lui. — Ce monsieur parvint à le bien placer. — Ce ne fut que trois ans après que le garçon revint donner de ses nouvelles, ayant perdu sa place. — Le protecteur le reçut froidement, le priant d'aller trouver les relations qu'il avait cultivées.

S'il est dur d'être reçu de cette manière, il faut être assez prudent pour ne pas mériter cette épreuve infligée à l'absence de mémoire du cœur, à l'ingratitude.— Trop souvent on néglige de cultiver, chez les enfants, le sentiment de la reconnaissance.

Plus fréquemment, on idolâtre ses enfants ; on en fait les dieux de la maison. — On les aime, dit-on, jusqu'à se jeter dans le feu pour eux, et on le ferait réellement, mais on n'aime que leur corps ; on oublie leur âme, pour laquelle il faudrait commander à son amour naturel. — On a un tel besoin de les embrasser qu'on oublie, chose sérieuse, *de leur faire mériter les caresses.*

L'enfant, comme l'homme, n'apprécie que ce qui lui a coûté, que ce qu'il a mérité. — Aussi nombre de parents sont-ils trop déçus sur la reconnaissance de leurs enfants. Tout était dû à ces trop aimés ; ils n'avaient pas eu à le mériter.

Ne voit-on pas, malheureusement, des gens avares de caresses, plus respectés, toute leur vie, que des cœurs généreux, mais faibles, qui ont oublié que le plus grand amour paternel ne doit pas se départir d'une certaine dignité.

Mais ce qui est plus vrai, c'est le dévoûment habituel des parents : — aussi ne saurons-nous jamais assez nous rappeler leurs inquiétudes, leurs veilles, leurs soins, leur tendresse ! — Combien de fois, dans le temps du sommeil, étaient-ils près de nous craignant que le froid n'ait pu nous saisir. — Combien de mères se sont privées non seulement de toilette, mais même du nécessaire depuis qu'est venu le premier enfant. — On oublie trop facilement ces sacrifices de tous les jours.

N'arrive-t-il pas fréquemment aujourd'hui qu'à dix-huit ans, dès qu'on a reçu ses premières payes, on veuille prendre ce qu'on appelle sa liberté. — Dès qu'on peut se suffire on pense trop souvent à quitter la maison où les parents n'ont pensé qu'à se sacrifier sans regret : — Pourrait-on l'abandonner sans remords ?

Cultivons, au contraire, le beau sentiment de la reconnaissance. — Respectons, aimons ceux qui nous ont tant aimés. — Que les sacrifices mêmes ne nous pèsent pas pour assurer la tranquillité de ces êtres vénérables. — C'est le premier exemple à donner à ceux que nous chérissons.

Apprenons à ces chers petits à respecter les fêtes de famille, à s'y préparer par quelques efforts de mémoire. — Que chaque enfant y contribue pour en faire un jour de doux souvenir. — Qu'ils prennent même sur leurs petites économies, sur leurs menus plaisirs pour se procurer quelques fleurs.

Certes ce n'est pas le cadeau qui réjouira tant le père de famille. — Mais quand ce brave homme verra que son fils, que sa fille ont, d'eux-mêmes, pensé à lui, — une larme viendra mouiller la paupière de ce rude travailleur.

Il est bien de penser à son père, — aussi est-il juste de penser à Dieu qui est notre premier père. — Montrons à nos fils le respect que nous avons pour notre Créateur. — Combien de braves gens ont cependant oublié ce principe d'hommage et de reconnaissance.

Aimons à remercier Dieu tous les jours, de tant de bienfaits, — devenus si habituels que nous oublions de les apprécier ; tels sont : l'existence, la merveilleuse faculté de penser, la vue, le toucher, et les nobles facultés de notre cœur. — Facultés que nous avons si souvent détournées de leur auteur :

Dons précieux que nous avons voulu diriger seuls, sans lui ou contre lui, et l'épreuve aura peut-être été nécessaire pour nous ramener à la mémoire du cœur.

Dieu, toujours bon, a su nous attendre, soyons lui reconnaissants de sa miséricorde si son amour ne nous avait pas suffi pour nous attacher à lui.

TRENTE-NEUVIÈME CONFÉRENCE

De la paix universelle.

Cette question, comme tant d'autres, a eu son heure; elle revient quelquefois sur le tapis, dans les temps de surexcitation politique.

Il est certain qu'elle provient d'un sentiment généreux, bien supérieur à l'amour de la guerre. — Il est cependant à remarquer qu'elle est, le plus souvent, présentée par des gens d'idées très avancées, d'imagination surchauffée à contre-sens de l'opinion générale et peu sensibles aux idées de grandeur du pays.

Il y a 40 ans, j'étais jeune alors, un officier retraité du génie me disait d'un air grave et entendu : — « Avec le progrès, l'instruction répandue partout, l'ignorance sera détruite, la guerre sera impossible : — les despotes seuls peuvent désirer la guerre, pour asseoir leur dynastie. »

J'ai souvent pensé à ce Monsieur qui parlait d'une manière si doctorale. — Je vois maintenant le progrès partout et l'instruction tellement propagée, que nombre de gens instruits ne trouvent même plus à vivre.

Pour ce qui est de la Paix universelle, voici comment elle s'est échelonnée depuis ces 40 ans.

Il y a eu, en Amérique, la guerre de sécession, déclarée par le président Lincoln. — Sous prétexte d'abolition, de l'esclavage, on fit des ravages considérables ; cette guerre se termina par l'annexion, au Nord, de l'Amérique du Sud, si riche d'importantes plantations de coton. — Quant aux nègres, prétexte de cette guerre, ils sont si malmenés par les Yankees qu'ils veulent émigrer en Afrique.

Malgré la paix promise, nous avons eu : la guerre de la Prusse contre le Danemark — de la Prusse contre l'Autriche, qui avait bien mérité que sa complicité fût punie par une défaite.

Puis les guerres de la Prusse contre la France, de la France contre la Tunisie, le Tonkin, le Dahomey, Madagascar — et aussi les guerres de la Russie contre la Turquie, de la Turquie contre la Grèce, de l'Angleterre contre l'Egypte, de l'Amérique contre l'Espagne — de l'Angleterre contre le Transvaal et enfin des puissances coalisées pour réprimer les massacres de Chine.

Quant à la paix dont nous jouissons, en France, depuis 1870, elle ne nous a été conservée que par la jalousie des grandes puissances et par des armements considérables qui ruinent l'Europe en temps de paix. — Personne n'ose déclarer la guerre, ne sachant si le vainqueur ne serait pas aussi blessé que le vaincu.

Donc, Paix universelle sur le pied de guerre ! Voilà ce que les événements nous ont montré pour les nations !

A l'intérieur, avons-nous la paix ?

Qui a inventé les noms de Républicains modérés, — démocrates, libéraux, socialistes, radicaux, progressistes, collectivistes, anarchistes, — nationalistes ? sans compter les royalistes et les bonapartistes ?...

Cependant, comme nous le disions, tout à l'heure, l'instruction a dû éclairer le peuple, et, si elle suffit seule, nous devons avoir la paix.

Eh bien! au contraire, il faut constater que les antagonistes trouvent dans cette instruction, qui leur est commune, des ressources d'argumentation qui accentuent leurs divisions. — Est-ce la faute de l'instruction? Certes non; mais elle ne suffit pas seule à donner la paix.

Voilà pour les Etats. — Mais passons à la Société! Trouve-t-on l'entente entre les travailleurs? une certaine minorité ne fait-elle pas la loi à la majorité? les grèves se font-elles d'un commun accord? N'existe-t-il plus de coteries d'atelier? L'ouvrier régulier peut-il facilement rentrer chez lui, sans subir la tournée du comptoir, surtout les jours de paye? — Les employés ne convoitent-ils plus la place des mieux appointés?

Dans la rue, que voyons-nous?—Si un zingueur, un ouvrier maçon peut, avec sa voiture à bras, barrer la route à un omnibus ou à un fiacre, il se met en travers, et les deux travailleurs s'invertivent de mots destinés aux bêtes! Est-ce là l'image de la paix!

Les ateliers de femmes sont-ils réputés des modèles de bonne tenue? — les conversations honnêtes y sont-elles à la mode? la jeune fille qui veut bien se tenir en a-t-elle toute la liberté ?

S'aime-t-on davantage, se respecte-t-on plus dans la famille, aujourd'hui qu'autrefois ? — Ne voit-on pas, au contraire, des querelles fréquentes, des divisions malheureuses, les cas de divorce décuplés ? moins de respect pour les parents et les vieillards devenus gênants ?

Interrogez-vous, interrogez vos amis : l'homme a-t-il la paix avec lui-même ? n'a-t-il pas à se combattre fréquemment ? — ne fait-il pas souvent ce qu'il regrette, après avoir cédé à un mauvais instinct. N'est-ce pas la guerre, même quand il n'y a qu'un seul homme ?

Que de farceurs, en cravate blanche, dans ces pontifes de la Paix universelle par le Progrès ! — Ces gens font partie d'une école de menteurs solennels !

Pour moi, j'ai connu un industriel plusieurs fois millionnaire qui avait fait une brochure sur la Paix universelle. — Il se plaisait à l'offrir à ses amis et à ses invités, lesquels savaient tous qu'il était mal avec ses propres frères ! Il ne pouvait avoir la paix avec les siens et rêvait la Paix pour le genre humain !

Mais enfin pourquoi et comment expliquer cet état de lutte, cette fatalité de la guerre?

C'est que, par suite de la chute originelle, nous n'avons la vie que pour mériter et non pour nous reposer!

Le mérite seul de la lutte soutenue procure la paix de la conscience, qui est la première paix. — Dans la vie pratique, il faut mériter son repos, son bonheur, le contraire est faux, est mauvais.

Il faut même mériter son plaisir, pour en éprouver de la joie.

Dites à un chasseur, lorsque, dès l'aube, il part le fusil en bandoulière : « Vous allez vous donner beaucoup de peine pour tuer peut-être deux lièvres et trois perdreaux ; le temps est menaçant, les chemins gras et fatigants : « Restez avec moi, jouons et causons : — ce soir, je vous offrirai trois lièvres et dix perdreaux. » — Prenez garde que ce Nemrod ne se fâche vous disant : « Me prenez vous pour un besoigneux ou un marchand, — je ne veux que le gibier que j'aurai tué, que j'aurai couru, qui m'aura coûté de l'adresse et de la peine; ces émotions feront mon plaisir. »

Croyons bien que la plus réelle satisfaction de

l'homme est celle du devoir accompli par la lutte franche et loyale. La lutte, c'est la vie : les peuples les plus vantés sont ceux qui sont le plus prêts à la guerre : — je ne dis pas qu'il faille la faire, mais qu'il faut y être prêt.

Pour ce qui est de l'homme lui-même, c'est différent : il doit se faire la guerre, car la guerre est toujours allumée en lui par ses passions mauvaises.

Plus nous vaincrons notre corps, plus nous donnerons de force à notre esprit et, pour mieux dire, à notre âme.

Ne nous imaginons pas toutefois que nous puissions faire cela seuls : c'est en préjugeant trop favorablement de nos propres forces que nous sommes souvent vaincus et découragés. — Soyons plus simples et plus vrais.

Aimons Dieu, prions-le ; qu'il soit notre aide, notre appui, et bientôt nous recevrons une force, une joie inconnues : — notre cœur se dilatera, — nous trouverons cette paix que tout homme cherche, — et nous reconnaîtrons que la véritable paix est en Dieu.

QUARANTIÈME CONFÉRENCE

La sauce coûte plus cher que le poisson

Une sole faite chez soi revient en moyenne à 3 francs.

Cependant un restaurateur du boulevard, ayant la réputation de les faire succulentes et de ne pas tromper son monde, les compte 7 francs.

Dame! il n'y a pas que le poisson; il y a la sauce et la sauce seule revient à 4 francs. Mais quelle sauce! Beurre fin, vin blanc, huitres, purée de crevettes, champignons, etc., etc.

Mais ce n'est pas tout, il y a aussi, faisant partie de la sauce, — un local très bien situé en plein boulevard, des salles luxueusement éclairées, ornées de peintures, de glaces; — des garçons l'œil attentif à prévoir vos désirs, joli comptoir, une caissière, un chasseur pour vos courses, tout ce luxe est la sauce *extérieure* qu'il faut aussi payer.

Il est certain que, chez soi, on pourrait s'offrir une belle sole à meilleur compte, mais il faudrait en réduire la sauce.

Eh bien, dans la vie, comme dans cette histoire, ce n'est pas ce qui est indispensable qui coûte cher, mais ce sont nombre d'accessoires, — souvent même nuisibles, — qui rendent la sauce plus cher que le poisson.

Ainsi pour la nourriture, ce n'est ni le pain ni les légumes, ni la viande même, ni le vin qui coûtent cher; mais, les apéritifs, les zanzis, les digestifs, les tournées de paye. Il y a aussi les rafraîchissements à la terrasse d'un café, — quand, le soir, à la fraîche, on dit, en grand seigneur : Garçon ! « autant de bocks que de têtes », — puis en aussi grand seigneur : « Renouvelez-nous ça », soit, cinq francs de bière dans l'espace d'une heure — pourtant il a fallu souvent trimer une journée pour les gagner. Cette bière là c'est de la sauce !

2o Ce n'est pas non plus le vêtement utile qui coûte cher.

Vos femmes peuvent vous dire combien peu on

leur paie les façons des choses nécessaires ; — au prix que vous achetez un pantalon, un veston, un chapeau, vous devez avouer qu'il n'y a rien de ruineux.

Ce qui coûte cher :. c'est le manque de soin, les vêtements de fête qu'on met à tous les jours ou qu'on jette sur le lit en rentrant, oubliant de les accrocher ; '— le lendemain, ils sont frippés, dé-fraîchis et à la première cérémonie, il faut les renouveler. Puis on veut s'habiller et produire son effet. Ne peut-on pas, après tout, porter la toilette aussi bien que son patron. Pourquoi pas ? Le fâcheux c'est que le porte-monnaie sera vide, tandis que celui du patron sera garni.

Dans un temps prospère, où l'on pourrait faire quelques économies pour les jours malheureux, on veut s'offrir montre et chaîne d'or ; on emprunte même pour les avoir plus vite, oubliant qu'on peut être exposé, faute d'avances, à emprunter pour vivre.

Pour les femmes, l'amour des rubans, des plumes au chapeau, des ombrelles à manche sculpté, quoique l'étoffe en soit usée ; puis les éventails, les fourrures, les gants à cinq boutons ne font-ils pas oublier l'indispensable comme linge, bas, chaussures solides et vêtements d'hiver. *La sauce fait oublier le poisson.*

Le mobilier nécessaire n'est pas non plus ce qui coûte le plus cher ; mais ce qui coûte, c'est de faire venir un agent de vente à crédit et sans réflexion, sans compter, se laisser aller à commander follement : armoire à glace à fronton, lit sculpté, garniture de cheminée à effet ; — puis, pendant qu'on y est, quelques bijoux (c'est si tentant), montre en or pour Monsieur, bague, chaîne et boucles d'oreilles pour Madame, et puis les billets n'en seront pas plus longs à faire. Après l'on verra, on s'arrangera toujours.

On s'arrangera toujours, c'est vrai ; — mais comment ? bien ou mal ?

Si l'ouvrage manque ou que l'un des deux tombe malade, l'arrangement, c'est, au moment des échéances : l'inquiétude, le Mont-de-Piété ; trop souvent la vente des reconnaissances, la reprise des meubles par le marchand, malgré les acomptes versés.

Pour quelques-uns, après les meubles disparus : c'est l'installation en garni.

Quelle sauce ! il y a eu trop de sauce.

Parlerai-je des plaisirs : Oui, car il en faut ; — l'homme a besoin de saines distractions, — mais entendons-nous, — saines distractions.

Alors, que penser des gens qui s'endettent pour se procurer une bicyclette ?

Qu'ai-je dit ? vais-je condamner ce magique instrument de plaisir, qui n'a rien, absolument rien de mauvais en soi.

Non, certes non ; mais il faut le mériter par son travail et ses économies et surtout qu'il ne soit pas cause que, avant de se marier, on prenne une compagne de bicyclette.

Vais-je aussi regretter qu'on aille aux fêtes d'arrondissements ? Là, sous les jets de lumière électrique, passent en amazones les reines du quartier, ou les princesses en rupture de matelotte !

Qu'une fois, par hasard, avec jugement, on prenne une petite récréation, pourquoi pas ? surtout quand on s'amuse plus du plaisir de la vue que du plaisir effectif.

Mais si, à la fin de la fête, on ne peut plus payer le boulanger, l'épicier, si l'argent du terme est dissipé ; — en me mettant à la place de ceux qui doivent en souffrir, je trouve que *la sauce ne permet plus d'acheter le poisson.*

Quelle différence avec le plaisir pris en famille !

Ne regrettons pas un petit extra à la maison ; il a son utilité sérieuse. — Quelquefois, de bonnes ménagères sont un peu sévères sur ce point ; elles rendent leur foyer monotone, à force de vouloir économiser.

Dès lors, le mari, les enfants arrivent à trouver qu'on ne s'amuse bien qu'en dehors de la maison.

Il faut, en tout, ce qu'il faut, et il faut du plaisir en famille.

Il faut un peu de sauce pour faire passer le poisson.

Mais souvent ceux qui se plaignent sont les premiers coupables.

Ont-ils apporté aux parents tout l'argent qu'ils pouvaient leur remettre ? Ont-ils aussi apporté, dans la famille, toute l'amabilité, l'entrain, la bonne humeur, dont ils étaient libres de s'enrichir ? ont-ils appris romances, chansons, déclamations, qui pouvaient contribuer à l'agrément d'une bonne soirée en famille ?

Que de bons enfants réguliers, même bien élevés,

se croient dispensés d'être aimables chez eux, de contribuer à l'agrément de tous. Quelques-uns pensent qu'on doit être satisfait, s'ils veulent bien ne pas s'ennuyer et accepter les avances de leurs frères et de leurs sœurs.

Heureux, au contraire, les caractères, qui, par leur gaité de bon aloi, savent rendre la famille agréable, faire que l'on s'y aime, que l'on s'y plaise.

Ces bons sujets, sont le charme de la maison, ils préparent la joie du foyer qu'ils créeront. — Dieu les bénira en leur donnant des enfants qui se plairont autour d'eux ; il leur rendra le bonheur qu'ils auront procuré eux-mêmes à leurs parents et leur tiendra compte des vertus dont ils auront favorisé l'éclosion ou l'épanouissement.

QUARANTE-ET-UNIÈME CONFÉRENCE

Le bon sens

La Fontaine nous raconte qu'un renard, s'étant arrêté devant un joli buste, dit, après l'avoir contemplé :

Belle tête... mais de cervelle point !

De combien de gens pourrait-on dire la même chose !

Leurs entretiens ne roulent que sur les détails de leur toilette, la manière de porter une canne, le nom de l'artiste en vogue, le dernier mot du jour, d'autant plus prisé qu'il sera plus exagéré. Paraître, — faire de l'effet, — donner le change, en se montrant dédaigneux ou aimable, selon l'avantage qu'on y peut trouver ; — c'est, pour nombre de jeunes gens surtout, ce qui domine leur esprit. Pour eux, hélas ! c'est à quoi se borne toute la formation du caractère et de la volonté.

1° *Qu'est-ce que le bon sens ?*

Tout homme a un sens naturel, plus ou moins développé, de ce qui lui est bon ou mauvais, de ce qu'il lui faut pour être et rester honnête. — L'intelligence vient à l'aide de ce sens, examine les faits et les circonstances et, par la réflexion, forme son jugement.

Le jugement devrait, régulièrement, se perfectionner avec l'âge, si l'homme ne s'attachait qu'au bien ; mais différentes causes font que, chez lui, le bon sens bien souvent est altéré. Aussi, quelques vieillards l'ont-ils perdu tout à fait.

2° *Nos passions aveuglent notre bon sens.*

Chacun sait qu'il y a un hiver, qu'il fera froid ; le plus simple bon sens nous dit qu'il est nécessaire d'économiser pour avoir des vêtements chauds et du feu. Chacun sait qu'il peut y avoir du chômage, qu'il peut être malade, que sûrement, il vieillira ; —

dans tous ces cas, des ressources lui seront nécessaires... — Combien d'hommes, cependant, ne veulent pas consentir à réfléchir à ces nécessités si naturelles et semblent se rire, quand ils se portent bien, de ce qui les menace ou les attend.

Tel homme, qui a pourtant de sérieuses qualités, ne peut supporter aucune observation, et quitte son travail dès qu'il croit qu'on a manqué à ce qu'il appelle « sa dignité ». — Chez lui, cet homme est plus sévère avec sa femme qu'on ne l'a jamais été pour lui ! — Tel autre, par légèreté, contracte une liaison dangereuse qui le conduit à des plaisirs qui ne lui laisseront, un jour, que de sérieux regrets.

Je rencontrais, l'autre jour, un ouvrier, très proprement mis. — En me demandant poliment une adresse, il faillit tomber sur moi. — Reconnaissant un travailleur, je résolus de le mettre dans son chemin, chose peu facile. De plus, il voulait que je le conduisisse chez un marchand de vin de ses connaissances. — Craignant que cet homme qui, demain à jeun, serait un être utile, ne se fît écraser, je le mis en omnibus, pour lui permettre de retourner chez lui ; — entre temps, il m'avait raconté toutes ses étapes pour trouver de l'ouvrage, les verres de vin qu'il avait bus avec les camarades et la dépense de quinze francs résultant de ces libations. — Il avait oublié, par faiblesse et gourmandise, les plus simples règles du bon sens et le tort fait à sa famille.

Que dire ensuite de ceux qui quittent leur ménage par colère, ou qui, par paresse, gaspillent leur jeunesse et deviennent misérables, à charge à la société. — Le bon sens a beau parler, on se refuse à l'entendre : — nos passions nous commandent ; nous prétendons être libres, nous leur obéissons.

3º *L'instruction donne-t-elle le bon sens.*

Il semble, tout d'abord, que c'est tout naturel : Examinons.

Si nous parcourons le quartier des étudiants ; de ces jeunes gens instruits qui doivent devenir nos docteurs, nos médecins, nos professeurs, nos magistrats ; nous pouvons être surpris de leurs fréquentations, plus que légères, et de leur laisser-aller.

Quelquefois, en un jour de folie, ils mettent à

sac un établissement qu'ils ont adopté. — Un jour, ils feront un monôme par lequel ils arrêteront un service public. — Tel soir, ils feront une procession où ce qu'il y a de plus respectable sera tourné en dérision. — Dans telle école, on se livrera à des brimades, dignes de la Renaissance. — J'en passe ; on pourrait croire que je veux railler notre jeunesse la plus intelligente ; — mais me dira-t'on : « On n'est pas jeune deux fois ! »

Laissons donc les jeunes gens ; — entrons au théâtre où l'on joue une pièce douteuse pour les mœurs. — Ces messieurs, aux crânes dénudés, assis aux plus belles places, sont-ce des menuisiers, des pauvres ou des hommes de peine ? — Non, on les appelle, dans la société, des « hommes sérieux ».

Ne sont-ils pas instruits ? — Pardon, au contraire. — Mais alors, les jeunes gens de tout-à-l'heure étaient instruits ; les vieillards le sont aussi : cependant, ils pèchent contre la bonne tenue, le respect de la morale et d'eux-mêmes.

Ici, l'instruction seule n'a pu dominer la fougue de la jeunesse et faire écouter la voix du bon sens. — Là, le vieillard laisse voir que, n'ayant pas pris l'habitude de commander à ses faiblesses, il n'a pu, malgré son instruction, s'arrêter aux limites que le bon sens, seul, aurait dû lui indiquer. .

Et nous-mêmes, Français, intelligents, spirituels, par amour du plaisir, de la vanité de l'esprit, n'avons-nous pas mis au second rang la culture de notre vieux bon sens ? Si l'instruction seule le donnait, combien d'entre nous, peu instruits, en seraient privés. Ne voit-on pas de jeunes paysannes, n'ayant reçu que les plus simples connaissances primaires, profiter de l'éducation maternelle, et charmer pourtant les personnes bien élevées par la droiture de leur jugement, leur honnêteté et leur politesse.

La modestie et la vertu gardent notre bon sens.

Dès que nous prenons trop de complaisance pour les dons que nous avons reçus de la Providence : — avantages extérieurs, talents, esprit, nous perdons le bon sens. — Nous nous détournons des conseils sérieux, nous recherchons les compliments et, en flattant notre vanité, on nous fait faire les plus grandes sottises, comme individu et même comme peuple.

N'est-il pas à la mode de poser pour l'esprit fort, et de considérer comme une faiblesse le respect rendu à Dieu et à sa religion ? — Les vaniteux et les faibles croiraient se rabaisser s'ils étaient modestes.

Cependant, l'artiste a-t-il peur de recevoir les conseils d'un maître ? Le savant n'a-t-il pas raison de croire que d'autres étaient instruits avant lui, et de se servir de leurs connaissances ? — L'astronome se croit-il humilié, parce que ses yeux ne peuvent voir ce que des instruments lui aideront à découvrir ? — L'étude n'est-elle pas un acte d'humilité qui grandit l'homme ?

S'humilier n'est pas s'abaisser, c'est se connaître. — Mettre le genou à terre devant son Dieu n'est point se diminuer, mais reconnaître, avec bon sens, sa faiblesse et son origine. — Demander la lumière à Celui qui a créé l'intelligence, c'est faire preuve de jugement et montrer du bon sens.

Mais pour se respecter, augmenter sa valeur, il faut, non seulement du bon sens, de l'instruction, mais de l'éducation, de la vertu ; et rien n'aide plus à la vertu que la religion sincère, produite par le respect et l'amour de son Dieu.

QUARANTE-DEUXIÈME CONFÉRENCE

Pas de bon Dieu

d'après J. Fuchs.

1

C'est pas vrai c'que tu viens d'me dire ?
C'était histoire de rire un brin ?
Tu t'es dit : C'pauv'vieux n'sait pas lire,
J'vas l'fair' poser : C'est pas malin !
Eh ! ben ! quoi ! V'là qu'tu fais ta poire.
Faut pas t'gendarmer pour si peu ?
Tu m'le dis, c'est bon ! j'veux ben t'croire.
C'est fini ! quoi ! y a plus d'bon Dieu !

T'es t'un Savant, moi j'suis qu'un bête,
C'est connu ! pourtant j'te l'cach' pas,
C'que tu m'racont'là ça m'embête,
Et malgré moi, je m'dis tout bas :

« Mais c'beau Soleil qui nous éclaire,
« Ces fleurs, ces oiseaux, ce ciel bleu,
« Qui donc qui s'est chargé d'les faire ?
« Dis-le moi ? si c'est pas l'bon Dieu ?

Tu me réponds que la science
Expliqu' tout ça. C'est pour le mieux !
Mais dans mon p'tit bon sens, moi j'pense :
Qu'si c'est vrai, c'est rud'ment fâcheux.
J'sais bien qu'les heureux de la terre
S'en fichent. Mais ceux-là, morbleu !
Qui croupissent dans la misère,
Qu'est c' qu'ils f'ront s'il n'y a plus d'bon Dieu ?

Sous le lourd fardeau du voyage,
Quand nous fléchissions, pauvres gueux !
Pour retrouver quelque courage,
Vers le ciel nous levions les yeux.
On se disait : prends patience !
« Là haut, dit-on, il est un lieu
» Où l'on trouve sa récompense
Et maint'nant v'là qu'y a plus d'bon Dieu !

Vois-tu, mon vieux, le jour où l'homme
Saura qu'il n'est pas plus qu'un chien,
Et qu'en crevant, il n'laisse en somme

Qu'un peu de cendre et puis... plus rien,
Il s'dira, renfonçant ses larmes :
Amusons-nous ! l'on vit si peu !
C'jour là faudra bien des gendarmes,
Pour pouvoir remplacer l'bon Dieu !

Tiens ! tu m'as r'tiré tout courage.
J't'en veux pas pour ça, mais tu sais :
Trimer comme un nègre à mon âge,
N'en faut plus ! arrêtons les frais !
C'est trop de larmes, de misère !
Mon pauvre vieux, disons-nous : adieu !
J'm'en vas m'flanquer dans la rivière,
J'en ai bien l'droit, n'y a plus d'bon Dieu !

J'vois encore à son heure dernière,
Ma mère, embrassant mes cheveux,
Et m'disant : n'pleur pas, mon p'tit Pierre,
Un jour on se retrouve aux cieux !
Moi, vois-tu, j'suis sûr que ma mère,
En mourant n'mentait pas morbleu !
Et t'auras beau dire et beau faire,
J'croirai jamais qu'y a pas d'bon Dieu !

J. Fuchs.

Le premier couplet de cette poésie nous représente un bon et honnête travailleur, qu'un malin

d'atelier veut faire passer pour imbécile, parce qu'il respecte son Dieu.

Combien y a-t-il de ces orateurs de comptoir, de ces tyranneaux qui font la loi aux gens honnêtes, parce que la poltronnerie de ceux qui les craignent, leur donne une force, quand la lâcheté ou le vice ne leur font pas un triomphe !

Ces hommes forts veulent réformer la société ; ils ont leur raison ; ce sera, pour eux, moins long que de se réformer eux-mêmes : leurs femmes et leurs enfants pourraient vous dire ce qu'ils souffrent d'un tel mari, d'un tel père.

Que ces orateurs de clubs veuillent donc nous montrer, une fois, ce que, eux ou les leurs, ont su faire pour le bien de l'ouvrier. Cinquante, cent, mille des leurs ont-ils su monter, en collectivité intelligente, en société limitée, une usine ou un atelier marchant d'après leurs principes ?

Ils n'ont jamais su inspirer confiance aux leurs, pas même à l'Etat qui les protège, tandis que depuis 1848, des sociétés d'ouvriers lunetiers, peintres, charpentiers et autres, sans rien demander au gouvernement, ont su trouver des capitaux ouvriers.

Mais ceux-là parlaient peu et ne voulaient pas

profiter des fonds et des forces de l'Etat avant d'avoir travaillé.

Le second couplet dit :

T'es t'un savant, moi j'suis qu'un bête.

D'abord, trop facilement, quand un homme a quelques notions de physique et d'astronomie, on en fait un savant, s'il fait l'esprit fort : souvent ce malin serait promptement au bout de son stock devant un étudiant instruit.

Dans le troisième couplet, l'ouvrier réplique :

Tu m'réponds que la science explique tout ça.

Oui la science explique l'ordre de l'univers, par les lois de pesanteur, de force centrifuge, centripète, de gravitation universelle des astres, par l'éther, etc.

Oui la science explique tout et elle est dans son rôle quand, après avoir observé, constaté, elle dit ce qu'elle a retenu de ses observations.

Mais certains savants se trompent quand, après avoir constaté, ils oublient qu'ils n'ont rien créé et que douter n'est pas prouver.

Notre ouvrier aurait pu répondre au malin :

« Mon vieux, à la foire au pain d'épices, il y a la roue des numéros gagnants : — pour que tu gagnes, il faut quelqu'un qui lui fasse faire le Kraharahac, sans cela, elle ne tournerait pas. — Pour que le monde tourne, il a fallu que Dieu lui donne le mouvement. »

En tous les cas, la science donne-t-elle la volonté, le sentiment, la force de l'âme, la charité, le dévouement ? « Il restera donc toujours des mystères pour les plus grands savants ; les plus humbles sont les plus sincères. » — Parole de Pasteur.

La raison aussi prétend tout expliquer.

Qui a plus raisonné, dans le mauvais sens du mot, que Voltaire et que Rousseau ? ce dernier, surtout, qui a écrit l'*Emile* et le *Contrat social*, ce dernier, dis-je, a été heureux que saint Vincent de Paul ait créé, — par amour de Dieu et par Charité, — l'hospice des Enfants trouvés, où J.-J. Rousseau laissa mettre ses propres enfants, après les avoir abandonnés.

La Raison, lorsqu'elle n'est plus éclairée par la tradition, méprisant l'idée des récompenses de l'autre vie, conduit au désespoir et au suicide si fréquent aujourd'hui.

Ridiculisant la bonté d'un Dieu Providence, s'occupant de sa créature, recevant ses aspirations et ses prières, elle en fait un fabricant d'êtres, trop fatigué pour suivre ceux qu'il a jetés sur la terre.

Détruisant la crainte de Dieu, elle conduit l'homme à tout braver et nous produit ces bandes organisées de sujets de 16 à 25 ans, qui dévalisent les habitations et font ce qu'ils appellent un coup, qu'il faut traduire par le mot assassinat.

Heureusement que, sous une rude écorce, il reste encore de ces natures honnêtes et fortes qui préfèrent, aux déclamations orgueilleuses, le souvenir de leur mère et du respect qu'elle avait de Dieu et de ses apôtres.

Ces âmes aimantes savent bien que c'est à ce respect de Dieu que cette mère puisait son amour maternel, son dévouement, sa fidélité à ses devoirs.

Ces âmes, soutenues par Dieu, pratiquent les vertus pénibles que les orgueilleux dédaignent comme peu productives d'honneurs, d'argent et de plaisirs.

Fidèles à l'Evangile, elles savent que le chemin

du bien est étroit et difficile, mais que Dieu les regarde, les aime, les encourage, les soutient, parce qu'il a promis ses récompenses à ceux qui suivraient sa voie et le confesseraient devant les hommes.

QUARANTE-TROISIÈME CONFÉRENCE

De la récréation et du jeu.

Toutes les sociétés, toutes les institutions, même les plus sévères, ont reconnu la nécessité de la récréation.

La récréation est utile à l'homme pour reposer son corps et son esprit et les préparer à un travail meilleur.

Elle doit varier suivant l'âge, le tempérament, les occupations, la position des individus.

Si l'on trouve tout naturel de voir un jeune homme faire du trapèze, on pourrait être surpris de voir un académicien s'y exercer aussi souvent.

Celle qui plaît à presque tous les hommes, c'est le jeu. — Il repose le corps, délasse l'esprit, occupe le temps du repos ; — pris ainsi, il est agréable et utile.

Mais il perd sa valeur et devient nuisible, quand il passionne l'homme au lieu de l'intéresser et de le distraire, — quand il produit une fatigue corporelle ou morale.

Alors, souvent, il éloigne l'homme du travail, suscite, en lui, l'amour des gains de hasard, l'expose aux chicanes et aux querelles ; ce qui arrive à propos des cartes..... et de tous les jeux où l'on engage de l'argent pour se créer d'illicites bénéfices. Car, alors, les joueurs se passionnent, à un tel point que la lampe qui les éclairait la veille brûle encore quand, le lendemain, le jour vient à paraître, montrant l'hébétement des perdants et la joie fiévreuse des gagnants.

L'homme, au lieu d'avoir trouvé son repos à ce jeu, est brisé de fatigue à l'heure du travail.

Je me trouvais, un jour, dans l'un de ces restaurants de quartier, fréquentés par les ouvriers désirant un crédit ; et qu'ils appellent caboulots.

Un jeune homme, ayant l'air bon garçon, vint pour y dîner comme d'habitude. Dès son entrée, le maître du caboulot l'avertit qu'il manquait un troisième pour un zanzi ; l'ouvrier, bon garçon, accepta de suite l'invitation. — Sa conversation roula ensuite sur la chance du jeu et le tour de force qu'il avait fait une nuit de Noël.

« Nous étions trois, ayant dîné ensemble. Comme c'était veille de fête, il fallait la célébrer. Après le dîner, on se mit à jouer, il était environ neuf heures : on s'anima, on gagna, on perdit et enfin, on paria, non de l'argent, mais une bouteille de chartreuse.

« On commença par boire, pour s'entretenir le gosier, pendant le jeu. — On fit tellement de parties que l'on but trois bouteilles de cette chartreuse. Ce ne fut que vers trois heures du matin que, à moitié hébétés, on s'aperçut qu'il était temps d'aller dormir !... »

Voilà de bonnes gens qui auraient certes regardé comme au-dessous de leur intelligence d'aller assister à une messe de minuit : — je laisse à donner un nom au genre d'intelligence que ces Messieurs avaient dépensée. — La passion du jeu avait faussé la récréation.

Les courses de chevaux, détournées de leur but par des paris, — la Bourse ayant pour objet autre chose que l'utilité des transactions commerciales — sont d'autres jeux non moins funestes.

Le nombre des ouvriers, des commis qui compromettent leur repos, leur avenir, leur réputation par la fréquentation des courses est incalculable.

On se passionne, on s'enfièvre ; on s'irrite, on perd le goût de l'atelier, par quelques gains trop faciles ; on dépense en rapport de ces gains ; — on prend une vie presque nomade, ennemie de la réflexion et surtout de la morale.

Dernièrement, des boulangers se retiraient des affaires ; la cause était la fatigue du mari. — La femme voisina, alla par curiosité aux courses ; y gagna d'abord, puis fréquenta la bourse. Huit mois après, elle se jetait aux pieds de son mari malade, lui avouant que les trente mille francs économisés avaient disparu au jeu.

En résumé, tout ce qui, dans le jeu, fatigue, passionne, surexcite et détourne de la préparation à un travail meilleur, est mauvais.

L'argent du jeu ne profite pas à la position du joueur, mais à des plaisirs de moralité fort douteuse. *Vient-il jamais à l'esprit d'un bon fils de jouer pour soutenir sa mère ?*

Le travail depuis la chute originelle étant devenu une expiation, demande que nous nous préparions à la supporter. — Si nous acceptons généreusement cette nécessité, nous trouvons une récompense dans son accomplissement même; Dieu nous la réserve.

Les peuples qui oublient la loi de la peine s'étiolent dans la paresse ou prennent l'amour de la table et la fièvre du plaisir. — Ils dégénèrent pour n'avoir pas su régler les exercices de leurs jeux, en les appliquant au développement de leur adresse, de leurs forces physiques, de leur virilité ou de leur intelligence.

Dans une sphère plus restreinte, n'y a-t-il pas une différence entre la joie maladive qu'on se procure dans les maisons où l'on joue avec frénésie, et celle que l'on trouve, là où les récréations utiles sont un moyen de repos, de distractions et de moralité.

On se plaît mieux dans une famille où l'on sait préparer des récréations animées et honnêtes. — Le père et la mère en sont les heureux témoins.

C'est la maison bénie de Dieu. — Le jeune homme n'a pas à chercher d'autre compagnie que celle des parents au milieu desquels il est heureux ; — la jeune fille y attend, avec patience, le moment où l'on doit venir la demander pour créer un nouveau foyer.

Les distractions malsaines des gens frivoles leur font oublier de consulter Dieu sur la manière d'élever leurs enfants. — Ils oublient que la famille doit être l'école du respect, de l'amitié filiale, de la reconnaissance dévouée. Elle doit préparer, pour les parents, le calme de la vieillesse et le couronnement d'une vie employée à l'observation de la loi de Dieu, par soi-même et par les siens. Une récréation intelligente et bien dirigée est une aide de grande valeur pour obtenir ces précieux résultats.

QUARANTE-QUATRIÈME CONFÉRENCE

Bonheur

Borné dans ses désirs, infini dans ses vœux
L'homme est un dieu tombé qui se souvient des Cieux.

Un dieu tombé, c'est un être qui a le sentiment d'un bonheur perdu et dont tous les instants seront employés à le recouvrer.

Aussi l'homme aspire-t-il toujours au bonheur ; malheureusement, il le confond souvent avec le plaisir.

Il y a cependant des bonheurs sans plaisir ; il y en a même quelquefois dans la pauvreté et les larmes.

Qu'est-ce donc que le bonheur ?

J'ai cherché, j'ai consulté et je n'ai pu trouver de réponse positive. Sur ce sujet, les philosophes sont loin d'être d'accord. — Ceux-là, cependant, ont pris le temps d'étudier cette question.

Chacun d'eux a trouvé un genre de bonheur : les uns le voient moral et élevé, — d'autres, matériel et vraiment par trop d'ordre naturel. — D'après eux, il n'est que pour les classes élevées, pour les riches. — Quant au pauvre, à l'infortuné, aucun d'eux n'y a pensé, le bonheur pourrait-il être pour lui?...

Le bonheur, tel que nous le connaissons, varie suivant l'âge, le tempérament et l'éducation.

Celui de l'enfant commence au polichinelle et va jusqu'au fusil qui part. Plus grand, il va du prix d'excellence à la joie d'aller à cheval !

Le bonheur du jeune homme va de l'heure de son indépendance à sa réussite dans le monde. Celui de l'homme fait, commence à sa paternité pour aller jusqu'à la croix d'honneur.

Ce qui est surprenant, c'est de voir l'illusion que chacun aime à se faire du bonheur qui l'attend,

Jeune, on a beau voir son père malade, sa mère affligée, ses parents pauvres, les voisins malheureux dans leurs affaires !... — pour soi, on estime que tout sera différent, qu'un bonheur spécial nous attend.

Cette jeune fille voit nombre de mariages malheureux : — pour elle, il n'en saurait être de même , — son union, sa vie ne pourront être qu'heureuses : — elle sera toujours aimée comme aux premiers jours : — du moins c'est là son rêve.

En un mot, l'homme vit de joies successives qu'il appelle le bonheur.

Nous confondons parfois le bonheur avec les plaisirs, et pourtant, les plaisirs nuisent souvent au bonheur.

Tel pour avoir une bicyclette et les plaisirs qui l'accompagnent s'endettera avant d'avoir appris à économiser.

Pressé, à échéance, de payer ses billets, il fera des emprunts forcés qui le déconsidéreront.

Quelques-uns, cela s'est vu, perdront la tête et iront jusqu'à faire des malversations.

Bicyclette, canotage, danse ou jeu, suivant la tentation, combien ont, par ces plaisirs, arrêté, gâté ou perdu leur bonheur.

Cette jeune femme avait un bon mari : il ne pensait qu'à la rendre heureuse, elle et ses enfants, en s'occupant sérieusement de ses affaires. — Mais Madame trouvait, à la longue, cette vie par trop monotone ; elle a voulu, elle aussi, des fêtes pour flatter ses caprices et sa coquetterie. — Sans le prévoir, elle s'est compromise et a troublé son bonheur.

Cette même femme, si elle eût été éprouvée par la perte de la vue, aurait apprécié comme un bonheur de la recouvrer. Dieu l'avait trop comblée de ses dons ; il a fallu le tenter.

Ce qu'on appelle le bonheur diffère suivant l'individu et tel est heureux de ce que dédaigne tel autre.

Presque toujours notre bonheur est fait de comparaison.

Une gravure de mon temps représente le perron d'une jolie habitation, — là est un enfant chéri, porté par sa nourrice : il est paré de dentelles, mais chétif et malingre, il ne sent pas le bonheur de vivre.

Au bas de ce perron, deux jeunes ramoneurs, assis par terre, montrent leurs dents blanches et lèvent en l'air un verre de vin qui doit arroser un reste de gigot donné, dont ils se régalent joyeusement.

Au-dessous de l'image est écrit :

Contentement passe richesse.

Cette femme, dans un bal dont elle fait l'ornement par ses grâces naturelles, paraît cependant fiévreuse et agitée. Pourquoi ? Parce qu'une jeune fille simple et ingénue, qui fait son entrée dans le monde, a, un moment, attiré tous les regards. Et, dans le même temps, à la porte de son hôtel, se tient une marchande des rues, ayant fait une bonne journée ; elle songe qu'elle pourra compléter le terme et acheter des souliers au petit — elle s'estime heureuse.

Et maintenant comment conserver son bonheur ?

En continuant à le mériter, car l'homme n'apprécie que ce qui lui a coûté.

L'enfant sauvé d'un péril est plus chéri. — La croix gagnée sur le champ de bataille est plus honorée. — L'argent gagné péniblement est plus apprécié.

Le plaisir même doit être mérité, un pêcheur voudrait-il du poisson qu'un autre aurait pris pour lui !...

Il faut aussi, pour apprécier son bonheur, penser aux autres : aux déshérités, aux malheureux et comparer sa position à la leur.

La visite des pauvres nous instruit en nous faisant étudier les causes de leurs malheurs. Alors on restreint plus facilement les folles dépenses : on devient plus sobre, on modère ses plaisirs, on surveille sa moralité, — on prépare le bonheur de sa vieillesse.

Mais depuis quand comprenons-nous ce genre de bonheur ? Depuis quand surtout comprenons-nous l'art d'aimer le pauvre, le délaissé ?

N'avons-nous pas dit tout à l'heure que les plus grands philosophes de l'antiquité ne les admettaient pas au partage du bonheur ?

Notre-Seigneur seul est allé aux petits et aux humbles. — Ses premiers appelés étaient des travailleurs, des pêcheurs ; sur sa route, on lui présentait les déshérités et les répugnants ; — toujours il s'arrêtait pour les soulager ou les guérir.

C'est en l'imitant, en pensant aux pauvres, que nous mériterons la bénédiction du Maître et préparerons notre bonheur. Nous le remplacerons dans cette partie de sa vie en continuant à faire bénir son nom.

Peut-il faire autrement que de nous regarder avec complaisance.

S'il ne nous donne pas le bonheur envié des frivoles ou des superbes, il nous donne celui qui soutient dans l'épreuve, fortifie dans la vie, et surtout ce bonheur éternel auquel nous pensons si peu ; mais qui est la seule explication de la réussite des indignes ou des méchants, des épreuves des bons, de la mort d'un Dieu et de la récompense des justes.

MÉTHODES

Pour se servir avantageusement des Conférences familières aux ouvriers.

L'auteur n'a pas espéré qu'on se servirait de ses conférences telles qu'elles sont écrites ; mais il a pensé qu'elles pourraient être utiles aux personnes de bonne volonté qui, par leur genre de vie ou leur position, tout en aimant l'ouvrier, ne peuvent connaître sa vie et sa condition sociale. Les orateurs pourront choisir les sujets les plus en rapport avec leur tempérament et la position de ceux à qui ils s'adresseront.

Dans chaque conférence, il y a généralement trois points. — Peut-être préférera-t-on n'en prendre qu'un ou deux et les remplacer par des idées plus appropriées aux mœurs des auditeurs.

18*

Ce qui est dit aux ouvriers peut, en changeant quelques termes, convenir tout aussi bien aux employés : Ainsi, on peut parler d'appointements, de traitements au lieu de payes, — de Cafés au lieu de Bars, — d'appartement au lieu de logement, etc. : le prédicateur n'adapte-t-il pas à son auditoire, sa manière de prêcher l'évangile, qu'il s'adresse à des nobles, des industriels, des ouvriers ou des domestiques ?

Comme explication de chaque point, viennent les idées secondaires et les histoires dont l'auteur s'est servi pour mieux éclairer l'idée principale et mieux frapper les esprits. — Le Conférencier pourra trouver des idées plus persuasives, des raisons plus concluantes et donner des exemples mieux choisis, plus récents ou plus imagés.

Quelques personnes pourraient craindre que ces conférences ne fussent pas assez religieuses pour leur milieu. Qui les empêche de parler de Dieu et de sa religion dès le commencement de leur discours : l'auteur l'a fait fréquemment et avantageusement quand il se trouvait dans les écoles chrétiennes ou dans les Saintes-Familles : il s'abstenait d'employer certaines expressions, de raconter certains faits qui avaient leur place dans les « Hospitalités de Nuit ».

La seconde méthode serait à l'usage des personnes qui ne se sont pas encore exercées à la parole : — elle consiste à lire, en public, les sujets eux-mêmes tels qu'ils sont présentés.

Pour cela, il serait utile d'avoir lu une fois et encore mieux relu préalablement, le sujet par lequel on veut intéresser sa réunion. C'est pour cela qu'ont été placés nombre de traits — si utiles pour s'arrêter à temps et donner les inflexions de voix, qui nuancent une lecture et la rendent plus intéressante. — On le fait ainsi pour les poésies dont on veut faire goûter toute la saveur.

Un auditoire est toujours flatté et, de ce fait, bien disposé, quand il sent qu'on l'a respecté assez pour se préparer à lui parler.

Même, dans le cas d'une lecture, on peut trouver quelques mots d'une morale mieux appropriée que celle du livre ; il sera toujours avantageux de la lui préférer.

Il y a une troisième méthode qui, à défaut d'autres, peut avoir de sérieux avantages ; c'est celle de laisser, sur les tables des salles d'attente ou préaux, quelques exemplaires des *Conférences familières*. Les sujets en sont courts, variés, à titres intéressants ; ils exciteront la curiosité, même des indifférents, qui ne craindront pas de trop s'engager ; — un ouvrage sérieux pourrait le leur faire craindre.

Ce que l'auteur a fait, pendant 12 ans, d'autres pourront, à leur tour, le faire plus heureusement en utilisant leurs études et leur talent ; — mais leur modestie aimera à se servir de l'expérience faite.

Au lieu du ton caustique, original avec lequel les sujets ont été traités, — la forme gracieuse, bienveillante, paternelle pourra être préférée : chacun faisant mieux en agissant avec son tempérament.

Dans ces conditions d'esprit, il est certain qu'on n'aura pas à regretter de s'être servi de ce livre. — Par son désir de bien faire, — la modestie, qui prévient favorablement l'auditoire et le talent qu'il saura dépenser, — le Conférencier obtiendra des résultats heureux pour le bien du peuple et la gloire de Dieu, surtout s'il n'oublie pas l'intercession de sa Mère.

TABLE DES MATIÈRES

Préface. 1

Cet argent est à moi, j'en peux faire ce que je veux. 5

Les Lascars . . (Portrait) 11

La Philanthropie et la charité . . (Etude sur) . . 18

L'aveugle et le paralytique . . (Fable commentée). 25

Il faut tout lire . . (Histoire commentée). . . . 33

Pas de chance . . (Dicton populaire commenté) . 39

De l'Inégalité des conditions . . (Dialogue). . . 45

Denise . . (Histoire dialoguée de) 55

Le Poseur et le jureur . . (Etude sur) 65

Le Collectivisme . . (Dialogue commenté) . . . 72

Les « Boit-sans-soif » . (Tableau et commentaire). 85

La Responsabilité . . (Etude sur) 90

La Cigale et la fourmi . . (Fable commentée) . . 95

« Qui travaille, prie » . . (Dicton commenté de) . 102

L'Autorité . . (Etude sur) 113

La Religion est bonne pour les femmes et les enfants 118

La Patrie . . (Etude sur) 124

Les Perroquets . . (Critique sur) 134

La Liberté . . (Dialogue commenté) 140

La Fraternité . . *(Etude sur)* 147

Le Dimanche . . *(Etude et tableau)* 155

M. Prud'homme . . *(Portrait)* 162

Le Loup et le chien . . *(Fable commentée)* . . . 196

La Fierté et la Dignité . . *(Etude sur)* 175

L'Usage, l'habitude et l'abus 181

L'Envie . . *(Etude sur)*. 186

Les Producteurs . . *(Etude sur)* 190

La Franchise et l'Hypocrisie . . *(Etude sur)* . . 197

L'Instruction et l'éducation . . *(Etude sur)*. . . 202

Le Caractère . . *(Etude sur)* 211

Le laboureur et ses enfants . . *(Fable commentée)*. 214

Cécile Bindard . . *(Histoire de)*. 222

Le Citoyen . . *(Etude sur)* 237

L'Ordre . . *(Histoire commentée)* 240

L'Art de se gêner . . *(Etude sur)* 251

Le Luxe . . *(Etude sur)* 256

Le Progrès . . *(Etude sur)* 263

La Mémoire . . *(reconnaissance)*. 269

La Paix universelle . . *(Etude sur)* 275

La sauce coûte plus cher que le poisson. 282

Le Bon sens . . *(Etude sur)* 289

Pas de bon Dieu . . *(Chanson commentée)* . . . 296

Le Jeu et la récréation . . *(Etude sur)* 304

Le Bonheur . . *(Etude sur)* 310

Méthodes . . *(Explication des)* 317

Saint-Amand (Cher). — Imprimerie BUSSIÈRE,

9 782019 713560